KB153042

김윤미
희곡집
1

김윤미 희곡집 1

평민사

차 례

개정판을 내면서

　1994년 초판되었던 희곡집 『상자 속 여자』를 이번에 『김윤미 희곡집 1』로 출판하게 되었다. 첫 희곡집을 낼 때의 그 불안함으로부터 많은 시간이 지나왔다.

　스물 한 살에 쓴 〈열차를 기다리며〉는 동아일보 신춘문예 희곡 부문에 당선된 작품이다. 1988년 샘터 파랑새 극장에서 강영걸 선생의 연출로 공연되기도 했는데, 나는 연극이란 무엇인지 생각해 보라는 그분의 이야기를 계속해서 들었다. 너무 어려서 그랬는지 갑자기 머리가 복잡해지는 것 같아 대학이나 졸업하고 생각하자고 나를 달랬었다. 그 당시 〈열차를 기다리며〉에 나오는 역이 봉화역 같다고 고등학교 동창이 말했었다. 동해바다를 보려면 봉화역에서 기차를 타고 탄광지대의 작은 역들을 무수히 지나야 한다. 고등학교 때 친구들과 바람난 처녀들처럼 기차를 타고 동해바다를 보러 갔던 추억이 생각난다. 그때 보았던 탄광지대의 역들 이름이 아련하게 떠오른다. 가난한 아버지를 둔 서울대생이 데모를 했다가 정신병원에 갇혀 있다는 풍문도 그 당시 우리들의 무시무시한 이야기 소재였다. 절대 우리는 대학 가서 데모하지 말자고 맹세하기도 하면서, 삶이 우리를 얼마나 멀리 끌고 갈지 알지 못한 채 바다를 보자마자 비명부터 질렀었다. 이 작품을 읽으면 그때가 떠오른다.

〈상자 속 여자〉는 1994년 〈백몽〉이라는 제목으로 연극실험실 혜화동 1번지에서 제1회 연극판, 실험극페스티발 형식으로 공연되었다. 이송 연출로 김화영, 박선욱이 연기하였다. 이후 부산 가맛골 소극장에서도 공연되었고, 이후 〈상자 속 여자〉란 제목으로 여러 대학극단에서도 공연되었다. 〈백몽〉은 〈상자 속 여자〉와 〈상자 속 여자 2〉를 섞어서 공연되었다. 애초에 단막극 〈상자 속 여자〉로 하기에는 너무 짧았던 것이다. 하지만 희곡집에 실을 때 나는 원본으로 다시 실었다.

〈조용한 손님〉은 1995년 극단 작은 신화에서 최용훈 연출로 공연되었다. 연우무대에서 공연된 이 작품은 그야말로 조용하게 찾아온 죽음이라는 손님을 맞기 전 며칠동안 노부부의 일상을 그린 연극이다. 삶이 지나가는 곳에서 어느 날 찾아온 죽음은 너무 친숙한 존재일지도 모른다.

〈오래된 연인〉은 심재찬 연출로 문예회관 소극장에서 공연되었다. 마침 바다를 배경으로 한 장기 공연을 마친 심재찬 선생은 무대 세트를 그대로 옮겨와 공연을 하여 바다 풍경을 보는 것처럼 느껴졌다. 대본 그대로 공연되었고, 누군가는 연극이 시 같다고 표현했다.

〈세 사람의 대화〉는 1991년 현대문학 7월호에 실린 작품이다.

등단 후 처음 발표한 작품이지만 공연되지는 않았다. 극 속의 인물들은 실제 인물들도 있다. 실제로 소읍의 작은 성당에서 만났던 분 중에 전우익 선생도 계시다. 그분의 말들이 희곡 속에 섞여 있지만 그분은 극 속에 없다. 나중에 베스트셀러가 된 그분의 책을 보면서 봉화에 가면 꼭 찾아 뵙겠다고 생각했지만, 정작 찾아 뵈려고 했을 때는 한 달 전에 돌아가셨단다. 이 희곡을 읽으면 그 때가 생각난다. 1990년이 오기 전, 겨울날이다.

〈인형과 소년〉은 1991년 계간지 민음동화 첫 번째 책에 실렸다. 지금까지 공연된 적은 없지만, 이 희곡을 읽으면 마음이 따뜻해진다.

내가 쓴 희곡들이 무대에 오를 때 환희를 느꼈었다. 그 연극이 성공하거나 실패하는 것과 상관없이… 어떤 껍질 속에 안전하게 들어있던 고치처럼, 이 희곡들을 쓰면서 느꼈던 우울함들은 오래 가지 못했었다. 내게는 다음 작품들이 무대 위에서 계속 춤추고 있었으니까. 지금 생각하면 그 열정들이 부럽다.

한 권의 책이 세상에 나오는 동안 얼마나 많은 사람의 손을 거치는가. 이번에 시간의 강물 속으로 사라질 희곡집을 되살려 주신 평민사 이정옥 사장님과 직원 여러분, 그리고 나의 가족들에게 고마움을 전한다.

상자 속 여자

등장인물

노파
소녀

무대

붉은색과 초록색, 노란색과 청색 등 원색
의 커튼이 쳐진 방.
무대 중앙에 낡고 오래된 반닫이 장롱. 그
위에 선명하도록 붉은 장미 한 다발이 꽂
힌 항아리. 양쪽으로 두 개의 의자.
무대 안쪽엔 창살이 쳐진 직사각형의 창문
에 둥근 보름달.
그 앞에 촛불이 놓인 낡은 탁자.

제 1 장

어둠 속에서 굿을 시작하기 직전에 울리는 북소리 아득하게 들린
다. 꽹과리와 불규칙적인 쇠방울 소리 점점 고조되다가 조명과 함
께 뚝 끊긴다. 무대 밝아지면 대나무를 심하게 흔드는 소리.
사이.
소녀(치마가 짧은 화려하고 기하학적인 원피스를 입고 있다)와 노
파(임신복을 입고 있으며 그로테스크한 분장. 마치 가면을 쓴 느
낌. 비참할 정도로 메마르고 키가 매우 크다. 그래서 중성화된 이
미지에 공허한 눈을 가지고 있다) 등장. 소녀, 의자로 가서 다리를
벌리고 앉아 발을 흔들고, 노파는 반닫이 장롱을 열고 뭔가 뒤적
이며 찾는다.

노 파　애야, 오늘은 참 별난 날이다. 눈을 뜨니 문득 생각났지
　　　뭐니.
소 녀　무슨 일인데요 어머니?
노 파　네 이모 말이다. 난초같이 예쁘고 바느질도 잘했지. 마
　　　음씨도 곱고, 조심조심 행동하는 것이 천상 여자였는데
　　　말야. (낡은 기저귀감을 꺼내어 펼쳐 본 뒤 의자로 돌아온다)

소 녀 그래서요 어머니?

노 파 … (슬픈 목소리로) 죽어버렸어.

소 녀 안됐군요. 어머니. (다리를 벌리고 앉아 발을 흔든다)

노 파 (소녀의 다리를 살짝 때리며) 다리를 오므려라. 이제 넌 다리를 오므려야 해. 보여주지 말아. 아무한테나 기회를 줘선 안 돼. (기저귀감의 끝을 소녀에게 잡게 하고 의자에 가서 앉으면서 잡아 당긴다)

소 녀 (힘을 주어 당기며) 네, 어머니.

노 파 일그러진 사과같은 거랑 돌아보지도 말아라. 네 뺨처럼 동그란 사과만 먹으렴.

소 녀 네, 어머니.

노 파 아무 데나 털썩 주저앉지 말아라. 풍뎅이가 오줌을 쌌을지도 모를 테니까.

소 녀 네, 어머니.

노 파 이마를 찡그리지 말아라. 미간의 주름은 두고두고 근심만 부른단다.

소 녀 (애써 밝게 웃으며) 네, 어머니.

노 파 잇몸을 드러내고 웃지 말아라. 창부같이 아무 데나 몸을 내두르게 된단다.

소 녀 네, 어머니.

(박자를 맞추듯이 서로 강력하게 잡아당기더니 소녀가 천을 놓쳐버린다. 노파는 먼지를 탁탁 털더니 문득 자세를 멈춘다.
사이.)

노 파 (꿈꾸듯이) 애야, 너는 나비같이 움직여라. 소리없이 곱게 곱게 말이다.

소 녀 네, 어머니.

(사이.)

노 파 참 아름다운 꿈이었다. 나도 나비가 되었었지. 이슬을 먹고, 온갖 꽃들이 만발한 화원을 꿈결인 듯 생신 듯 날았었다. 나는 참말로 나비였을까. 아님 사람이었을까. 애야, 나는 나비인 듯 하구나. 내 몸은 가벼워지더니 하늘로 훨훨 날게 되었으니 말이다.

소 녀 우습네요. 어머니.

노 파 아, 차라리 깨어나지 말 것을!

소 녀 다시 꿈꾸세요. 어머니.

노 파 아니야. 틀렸어. 난 다시 꿈꾸었단다. 하지만 틀렸어.

소 녀 무슨 꿈인데요. 어머니?

노 파 이번엔 아주 흉칙한 꿈이었단다. 무슨 요망한 일인지. 내 머리엔 납작한 배추가 자라고 있었단다. 이마에서 목덜미까지. 아, 어째서 배추가 자랐을까. 배추는 점점 퍼질 거야. 두개골에 깊숙히 뿌리 박고 심장으로 파고 들거야. 아. 배추는 내 자궁까지 퍼져서 나는 아무것도 먹지 못하고 말라버릴 거야. 내 몸은 흙이 되고 내 피는 냇물이 되겠지. 배추는 점점 자라고 나는 형체도 없이 남김없이 부서지고 말 거야. 애야.

소　녀 네, 어머니.

노　파 때론 꿈꾸는 게 두려울 때가 있단다. 이해하겠니?

소　녀 네, 어머니.

노　파 때론, 꿈꾸는 게 행복할 때도 있단다. 이해하지?

소　녀 그럼요 어머니.

노　파 꿈꾼다는 건 그렇단다. 알겠니?

소　녀 네, 어머니.

(사이.)

노　파 애야. 어젠 나 혼자 산책을 갔단다.

소　녀 어디로 가셨어요 어머니? (장롱으로 걸어가 뒤적인다)

노　파 못생긴 도사견하고 사는 소년을 찾아갔단다. 애야 너도 본 적이 있을 거야. 꽃을 너무 좋아해서 미쳤단다.

소　녀 재밌네요, 어머니. (낡은 아기저고리를 꺼내본다)

노　파 나도 그렇게 생각했단다. 헌데… (슬프게) 죽어버렸어.

소　녀 안됐군요. 어머니. (꽃병 옆에 놓는다)

노　파 기분이 우울하다. 애야, 향기를 맡고 싶구나.

(소녀 꽃 한 송이를 들고 노파에게 준다.)

노　파 (향기를 맡고) 벌써 시들었어! 물을 갈아줘야 한단다. 애야. 넌 너무 게으르구나. 오늘부터 저 꽃병에 물을 갈아줘야 한다. 알았냐?

소 녀   네, 어머니.

노 파   내일도, 모레도, 물을 갈아줘라! 싱싱하고, 부드러운 물을 갈아줘라! 단물이어야 해… (은근하게) 아가, 단물이 어디 있느냐?

소 녀   뒷산 고개 너머 있지요.

노 파   (꽃을 소녀에게 주면 소녀는 귀에 꽂는다) 그래그래. 넌 참 영특해. 꼬부랑고개를 몇 개나 넘어야 하느냐?

소 녀   열 개를 넘지요.

노 파   그래, 아가 잊지도 않았구나. 꼬부랑고개를 넘어가던 꼬부랑 할머니 얘긴 알고 있냐? (소녀, 고개를 끄덕인다) 그 할망구도 죽어버렸어.

(소녀, 담배 하나를 촛불로 불을 붙여 몇 모금 능숙하게 피운 뒤 노파에게 준다.)

노 파   … 어젯밤, 꿈도 참 유별나구나. 휴, 망측해서 입에 담을 수도 없구나.

소 녀   (아무렇지도 않게) 무슨 꿈이에요. 어머니?

노 파   난 네 자궁 속에 자라고 있었단다. 얘야 망측하지? 넌, 구렁이를 한 마리 잉태했더구나. 아무리 꿈이라지만, 등골이 오싹하구나. (목소리를 낮추며) 얘야, 이건 비밀이다만, 우리 어머니 때부터 내려오는 태몽이란다.

소 녀   (제자리로 돌아가며) 임신을 하셨나요?

노 파   (기저귀를 차곡차곡 갠다) 그런 모양이야.

소 녀 (갑자기 호흡을 멈춘다. 마치 자기 몸 속에 귀를 기울이는 표정이다) ….

노 파 한데 배가 고프구나. 애야, 물봉선화를 먹고 싶다.

소 녀 지금은 겨울인 걸요.

노 파 휴! 소년이 살았다면 물봉선화를 키웠을 거야.

소 녀 춤을 춰 드릴까요. 어머니?

노 파 불나방처럼 불에 뛰어들어… 죽어버렸어.

소 녀 애석한 일이에요. 어머니. (젖가슴을 만진다)

노 파 못생긴 도사견도… 죽어버렸어.

소 녀 (젖가슴을 만지며) 돌멩이가 점점 부풀어올라요. 어머니.

노 파 옛날 귀족들은 저승길이 행복했을 거다. 애야, 나도 함께 죽어줄 사람이 있을까?

소 녀 슬픔은 태교에 좋지 않아요. 어머니.

노 파 저승길이 이승처럼 멀면 어쩌지. 지루할 텐데. 고단할 테고. 애야, 내 장례식은….

소 녀 (자신의 젖가슴을 조심스레 만지며) 그런 생각은 태교에 좋지 않아요. 어머니.

노 파 (자신의 젖가슴을 문지르며) 피 한 방울이 술잔에 모여 뱅뱅 도는구나. 이제 곧 달디단 하얀 액체가 흘러나올 게다.

소 녀 그래요, 어머니. 좋은 생각만 하세요.

노 파 좋. 은. 생. 각?

(사이. 노파 웃는 듯 우는 듯 허공을 바라본다.)

노 파 너무 사랑한 나머지 결혼을 안 한 자매가 있었단다. 언니가 감기에 걸리면 동생도 걸리고 동생이 사과를 먹으면 언니도 사과를 먹고 싶어했단다. 헌데 운명의 장난일까. 그들은 똑같이 사랑에 빠졌단다. 흉악한 사랑이었어. 슬픈 사랑이었고, 비극적인 종말을 부른 사랑이었지. 애석하게도 남자는 자매를 똑같이 사랑했단다. 별로 흉이 될 건 없었어. 관습이 그랬으니까… 애야, 그런데 질투는 피를 불렀단다.

소 녀 무서운 얘긴 태몽에 좋지 않아요.

노 파 (문득 소녀의 짧은 치마에 시선이 간다) 흉칙하구나. 어제보다 치마가 짧아졌어.

소 녀 키가 컸어요. 어머니.

노 파 어미한테 거짓말을 하다니! 넌 치맛단을 잘랐어! 너도, 여자다 이거냐? 꼴값, 돌아! (소녀, 빙 돈다) 이리 와봐! (소녀 자신도 모르게 엉덩이를 흔들며 걷는다. 노파, 히스테릭하게) 사내들이 오줌을 질질 싸겠구나. 화냥년! 더러운 년! 갈보 같은 년! 거울을 봐라! 이년! 이 불여우 같은 년!

(소녀, 곧 울음을 터트릴 것처럼 울먹울먹하며 관객을 향해 선다.)

노 파 잘 봐라! 넌 쓸데없는 나무토막이란 말이다. 저런 저런 불여시 같은 년! 집안 망신시킬 년! 엉덩짝을 암소처럼 흔들어대는 구나!

소 녀 키가, 키가 컸어요.

노 파 괘씸한 년! 어미한테 거짓말을 하다니! 바른대로 말해. 넌 부러 치맛단을 잘랐어

소 녀 (떠듬거리며) 키가 컸어요.

노 파 저런 저런 앙큼한 년! 끝까지 어미를 속이려는구나! 넌 치맛단을 잘랐어! 너도 여자다 이거지? 오호! 벌써부터 화냥기가 발동하는구나. 잘 봐라. 그래봤자 넌 쓸데없는 나무토막이란 말이다. 썩어문드러질 나무토막이란 말이다. 나무토막!

(소녀, 쓰러진다.)

노 파 … (다정하게) 이리 온. (소녀, 행복한 얼굴로 다가간다) 네 머린 삼단같이 검구나. 네 눈은 흑진주 같고 네 입술은 앵두 같구나. (소녀의 볼을 감싸들고 감탄하며) 꽃을 물들이듯 태양이 네 뺨을 물들였구나. 이 어미의 피를 먹고, 살을 먹고, 뼈를 먹고 피었구나. (소녀의 뺨에 모성의 본능으로 키스 한다)

소 녀 ….

노 파 이리 온. (장롱에서 노랑 저고리와 빨간 치마를 꺼내 소녀에게 입힌다) 훌륭한 신랑을 맞아 너도 결혼을 할 게다. 결혼을 하게 되면… (망설이다가) 그만큼 좋은 일은 없어. 암, 좋은 신랑을 만나는 건 애야, 좋은 부모를 만나는 거나 같단다.

소 녀 (젖가슴을 만지며) 딱딱해요. 어머니. 무척 아프고요. 왜

그럴까요?

노 파 이제부터 네 몸을 금단같이 여겨라. 아무도 엿보지 못하게 꼭꼭 숨겨라. 쉬 피는 꽃은 쉬 시드는 법. 부정한 여자는 두고두고 집안 망신이다.

소 녀 네 어머니.

(노파, 소녀의 모습에 감격한다.)

노 파 널 뱄을 때 꿈을 꿨는데, 계곡에 꽃비가 내리더구나. 얘야, 필시 넌 선녀였을게다. 춤을 춰 봐라. 늙고 고단해지는 이 내 몸에 봄의 활기를 넣어주렴. 죽음의 벌레가 팔다리에 구멍을 파는지, 공허가 뼈 속에 집을 짓는지 온 삭신이 새곰새곰 삐걱삐걱 노골노골 전쟁이 났단다.

소 녀 (손을 들어 올리면 북소리 울린다) 우울한 생각은 태교에 좋지 않아요. 어머니. 모두 잊어버리세요.

(격정적인 무속음악이 울린다. 소녀 춤이 나오자마자 도취되어 춘다. 생선이 파닥이듯, 격정적인 춤이다.
노파도 흥분되어 얼굴이 붉어지며 어깨를 부르르 떤다.
춤은, 마치 한 판 굿의 신내림과 같다.
암전.
여전히 음악은 계속된다.)

제 2 장

같은 무대.

목까지 차오르는 배를 부여안고 숨을 헐떡이는 노파.

시력이 약해졌다. 고통에 지친 얼굴.

헝클어진 머리카락. 창백한 얼굴에 새파란 입술. 노파는 쇠약하다.

사이.

찢어진 원피스를 입고 붉은 장미를 든 소녀 등장.

군데군데 할퀴어진 상처에 피가 흐른다.

소녀, 거울 앞으로 다가가 자신의 모습을 뚫어지게 쳐다본다.

볼을 만지기도 하고 찢어진 원피스 자락으로 허벅지를 가려보지
만 안 된다.

그러는 동안 손에 든 꽃을 바닥에 흘린다.

노 파 (목쉰 소리로) 얘야, 오늘은 며칠이니? 도무지 이 방에선
세상일을 하나도 모르겠구나.

(소녀, 들은 체도 않고 제자리로 돌아가 앉는다.)

노 파 (괘씸하나 체념한 듯 혼잣말로) 내가 너를 가졌을 때 징그러운 독사 한 마리 낳을 줄 알았지. 낳아보니 역시 넌 독사구나. 점점 독이 많아지는… (냄새를 맡는다) 싱싱한 이슬 냄새다. (생기를 차리며) 애야, 새 들장미를 놓았구나. 한 송이만 이 에미에게 주련?

(소녀, 습관적으로 장미 하나를 꺼내 노파에게 준다. 노파 감격한다. 향기를 맡는 노파. 순간 장미를 두 손으로 움켜쥐다 가시에 찔린다.)

노 파 (슬프게) 일부러 가시 있는 장미를 주었구나. 에미가 눈이 어둡다는 걸 알면서. 독사 같은 년! (속이 뒤틀리는 듯 동공이 확대된다. 사이. 토를 참으려는 듯 입을 꼭 다문다. 사이. 배를 슬슬 쓰다듬는다. 숨을 몰아쉰다. 곧 우울해지며) 아! 난 곧 죽고 말 거야.

(소녀, 백치처럼 땅에 떨어진 꽃을 하나하나 줍는다.)

노 파 (울먹이며) 아, 엄마! 왜 날 여기에 혼자 내버려 두었어요!… 답답하고 미쓱거리고, 울렁울렁, 속이 뒤집혀요! 아!

소 녀 괜찮을 거예요. 어머니.

노 파 넌 나를 죽일 거야.

소 녀 ….

노 파 하지만, 너도 너 같은 딸을 둘 거다. 거미처럼 야금야금 니 심장을 갉아 먹겠지! (울며) 아! 내가 왜 저년을 낳았을꼬! 아! 엄마!

소 녀 ….

(노파, 갑자기 울음을 그친다.)

노 파 (슬프게) 아이를 낳을 때가 되었는데 봄은 아직 멀었니?

소 녀 벌써 여름이 지나가는 중이에요 어머니.

노 파 어째서 (배를 내려다보며) 이앤 나오지 않을까?

소 녀 슬퍼하셨기 때문이에요. 어머니.

노 파 하지만 애야, 넌 어째서 그렇게 빨리 나왔니?

소 녀 그야 낸들 알겠어요? (장미가시를 뜯어내며) 자, 괜찮을 거예요. 울지 마세요.

노 파 (조금 괜찮아진 표정으로) 그래, 넌 어디 갔다 왔니?

소 녀 산책을 갔어요.

노 파 (의심스러운 표정으로) 혼자?

소 녀 아뇨!

노 파 (불안한 표정으로) 어젠 종일 어디 갔었니?

(소녀, 장롱을 정리한다. 옷을 꺼내 먼지를 털고 다시 제자리에 넣는다.)

소 녀 가을에 입을 스웨터가 필요해요. 어머니. 벌써 쌀쌀해지거든요.

노 파   말해봐라 누구랑 있었니?

(소녀, 들은 척도 않고 계속 장롱 속을 정리하다 긴 스웨터를 걸친다.)

노 파   (흥분하여 쇠잔한 목소리로 격격대며) 멋을 부리는구나! 이년! 바람이 났구나 바람이 났어!

소 녀   그래요 어머니! (사이) 어머닌 그걸 바라지 않으셨던가요?

(노파, 놀란 표정으로 소녀를 바라본다. 소녀, 허공을 노려본다.)

노 파   (기가 죽으며) 이리 와서 어깨를 주물러 주련?

소 녀   싫어요. 어머니한테선 냄새가 나요.

노 파   향수를 너무 독하게 뿌렸나보다.

소 녀   아뇨! 어머닌 추하게 늙으셨어요. 역겨워요.

노 파   애야, 그건 무슨 뜻이니?

소 녀   추하게 늙으셨다고요.

노 파   추하다니? 내가 말이냐?

소 녀   어머닌 자신을 아셔야 해요.

노 파   (웃는다) 넌, 영특하구나. 옛날부터 알고 있었다만 넌 똑똑한 아이야.

소 녀   ….

(노파, 소녀가 걱정된다. 소녀, 추위에 떨듯 간간이 경련을 일으
킨다.)

노 파   어디, 갔었니?

(사이.)

소 녀   공동묘지로 산책을 갔어요 어머니.

노 파   무얼 보았니?

소 녀   온통 장미뿐이더군요 어머니. (갑자기 장미와 노파의 얼굴을
         번갈아 본다) 죽은 시신을 먹고 피었나 봐요. 핏빛이었어
         요. 검붉은 피같이… 이럴 수가! 왜 그렇게 늙었죠?

노 파   내가 말이냐?

소 녀   그래요. 어머니… 호흡이 가쁜가요? 숨이 차고, 괜히 가
         슴이 두근거리고 신경질이 나고, 그래서 울고 싶어지고,

노 파   (말을 가로채며) 어떻게 아니?

소 녀   누구나 그 정도는 알고 있어요.

노 파   그럼 내 증상은 뭐니?

소 녀   폐경기.

노 파   저런! … 그런 말은 어디서 줏어들었니?

소 녀   책에서요.

노 파   유식하구나.

소 녀   뭘요. 그 외 뭘 배웠는지 아세요?

노 파   뭘 배웠니?

소　녀 덧셈, 뺄셈, 나눗셈, 구구단… 평등, 노예제도, 에비시디 이에프지, 탄젠트, 근사값, 수소, 산소, 인수분해, 무한수, 종교, 학살, 전쟁, 전쟁, 기타 등등.

노　파 기타 등등?

소　녀 그 외 배운 것도 많아요. 어머니.

노　파 뭘 배웠니?

소　녀 남녀의 생식구조.

노　파 저런!

소　녀 주기적으로 찾아오는 것도요. 이론이 아닌 실제로. 어머닌 다시 배워야 할 걸요.

노　파 저런!

소　녀 독사 같은 건 다시 밸 수 없을 테니 말예요… 키스를 해 봤어요?

노　파 물론, 했지. 네 볼에 수없이.

소　녀 (갑자기 억센 어조로) 거짓말쟁이!

노　파 (움찔하며) 무슨 일이냐?

소　녀 (온순하게) 아니에요 어머니. (슬프게) 어머니가 알고 있는 것은 알고 있던 전부의 거짓이에요. 그러므로 내가 알고 있는 모든 것은 전부 뒤집혀졌어요. 어머니는 거짓말로 환상을 만들었어요. 내게 그 속에서 날기를 명령했어요. 더 이상 어머니를 위해서 꾸미지 않겠어요. 배신자! … 위선자! … 어머니는… 망측해요!

노　파 (숨을 헐떡이며) 아. 아. 아.

(노파, 배를 움켜쥐고 산고가 다가 온 산부처럼 고통에 입술을 꽉 깨문다.)

노 파　아!

(사이.
소녀, 무표정한 얼굴.)

소 녀　(슬프게) 두 번의 봄이 지났어요 어머니.
노 파　아!
소 녀　두 번의 여름이 지나가는 중이에요. 어머니.
노 파　(점점 기운을 잃어간다. 절망적으로) 아!
소 녀　(미소 지으며) 그래요 어머니. 미래는 똥통이에요.
노 파　(고통스럽게) 아, 거미줄!
소 녀　어머니의 살은 내 살. 어머니의 피는 내 피, 어머니의 눈은 내 눈, 어머니의 귀는 내 귀, 어머니의 운명은….
노 파　거미로다!
소 녀　내 운명.
노 파　(배를 움켜쥐며) 거미로구나! 거미!
소 녀　가져가세요. 어머니 닮은 눈! 어머니 닮은 젖가슴! 어머니 닮은 허벅지! 어머니 닮은 불안! 어머니 닮은 열등감! 어머니 닮은 원한! 가져가세요. 다! 다! 다!
노 파　아! 거미!

(바닥에 주저앉아 꼼짝 않는 소녀,

몸부림치는 노파.)

소 녀　(갑자기 냉정하게) 쉴 때가 왔어요. 어머니.

노 파　(거센 호흡을 하며) 아!

소 녀　(노파의 등 뒤에서 손을 잡아주며) 서두르지 마세요, 어머니.

　　　　천천히… 천천히….

노 파　아! 엄마!

(노파 사지를 뻣뻣하게 떨면서 마치 아이를 낳으려는 산모와 같은

표정,

노파, 비명을 지르는 자세처럼 입을 벌린다.

암전.)

제 3 장

같은 무대

상쾌한 아침.

여기서 노파와 소녀의 역할이 바뀐다.

노파는 딸의 역을, 소녀는 어머니 역을 한다.

노파는 다리를 자연스레 벌리고 의자에 앉는다.

소녀는 지쳐 있으며 이미 늙었다.

서로의 의자를 바꾸어 앉는다. 이후 빠른 템포로 조명과 대화가

오간다.

노 파 안녕히 주무셨어요 어머니?

소 녀 잘 잤니 아가?

노 파 어젠 한숨도 못 잤어요.

소 녀 참 묘한 꿈을 꾸었지.

노 파 파리 때문에, 어머니. 여긴 파리가 너무 많아요.

소 녀 오리가 팔딱 뛰더니 잉어가 되고, 잉어는 캥거루가 되고
　　　캥거루는 곰이 되고 곰은 담비가 되더니 담비는 고래가
　　　되고….

노 파 아! 그놈의 파리 때문에 도저히 잠들 수가, 잠들 수가….

소 녀 고래는 늙어 여자가 되고 여자는 늙어….

노 파 한 마리라도 남겨두면 골칫거리예요. 파리란 놈이 약 올리기 시작하면 정말 미치고 말 걸요. 어머니.

소 녀 그 여잔 늙었어. 파리만 들끓고… 아버지를 흥분시키던 그 여자는 이미 볼품이라곤 한군데도 없더군. 폐경기를 지난 그 여자, 점점 폐허가 되고….

노 파 결국, 잡고야 말았어요. 단 한 마리 남은 파리 말예요. 푹 하더니 납작하게 터져 버리대요. 찍소리도 않고… 죽어 버렸어요.

소 녀 아버진 당신의 딸이 똑똑한 걸 두려워했어. 그건 위험한 일이니까. 결혼할 때 상장을 불에 태우셨지. 아버지께서 내 상장을… 불에 태우셨어.

노 파 아! 얼마나 통쾌한지. 그놈의 파리 말예요….

소 녀 상장을 태웠어. 아버지가 아버지가….

노 파 (우울해지며) 하지만 어머니, 슬펐어요. 그놈이 얌전히만 있었다면, 날 자게 내버려 두었다면 어머니, 안 죽였을 거예요.

소 녀 상장은 필요 없다는 거야. 상장이란 자부심 같은 거니까… 아버진 대체 내게 뭘 바라셨을까?

노 파 오호 통재라! 나는 파리의 장례식을 치러 주었어요. 어머니.

소 녀 상장이 뭐 대순가? 그저 종이 조각일 텐데. 하지만 나는 슬펐어. 내겐 상장이 필요했으니까. 상장이란 자부심 같은 거지. 얘야.

(쓸쓸한 피리소리. 바람이 분다.)

노 파 (소녀에게) 우는가요 어머니?

소 녀 그저 울적하단다. 옛일을 생각하니… 아, 얘야 무척 숨
이 가쁘구나.

노 파 곧 나아질 거예요.

소 녀 (호흡을 멈추며) 물! 물을 줘!

(노파, 무대 뒤로 사라진다. 물 따르는 소리.
노파 물컵을 들고 소녀에게 내민다.)

소 녀 (허겁지겁 마신다) 아!

노 파 이젠 괜찮으세요 어머니!

소 녀 아! 어젠 묘한 꿈을 꾸었지 참 별일이지 얘야. 난 뱃속에
잉태되어 있더구나.

노 파 재밌네요. 어머니. (다리를 벌리고 앉는다)

소 녀 (문득, 노파의 벌린 다리에 시선이 간다) 다리를 오므려라! 다
리를 오므려!

노 파 (다리를 오므렸다 다시 벌린다)

소 녀 어젠 어디 갔었니? 얼마나 널 불렀는 줄 아니?

노 파 산책을 갔어요.

소 녀 (의심스러운듯) 혼자?

노 파 네, 어머니.

소 녀 아! 혼자 갔단 말이지?

노 파 그래요. 어머니. 혼자 갔어요.

소 녀 옛날 귀족들은 저승길이 행복했을 거야. 애야, 나도 함께 죽어줄 사람이 있을까?

노 파 그런 우울한 생각은 좋지 않아요, 어머니.

(노파의 손을 잡고 물끄러미 바라보는 소녀.)

소 녀 넌 누굴 닮았을까?

노 파 어머닐 닮았겠지요.

소 녀 날? 볼수록 넌 내 어머닐 닮았어. 어째서 그럴까?

노 파 그야 낸들 알겠어요.

(사이.)

소 녀 어젠 종일 어디 갔었니?

노 파 산책을 갔어요. 그리고 종일 땅을 개간했죠. 십 년 동안 들장미만 무성하여 곡식이 자랄지는 의문이에요. 사람들은 가시 없는 장미를 원하니까요.

소 녀 (지친 표정으로) 독 때문이야. 독 때문이야.

노 파 우울하세요 어머니? 시를 읽어 드릴까요?

소 녀 (고개를 끄덕인다) ….

노 파 (장롱에서 낡은 편지를 꺼내어 읽는다)

때로 당신은 채송화 같고, 조그만 손거울 같고, 아기 같
고, 봄산 같고, 버들강아지 같고, 산과 바다 해와 달, 푸
르디푸른 하늘 같지요. 아, 당신은 끝없는 우주 어디쯤
서 꿈이 깰까요.

(소녀, 딸꾹질을 한다.)

노 파   비애로운 당신과 나를 가로막는 장막. 때로 당신은 얼음
        같고, 배암 같고, 황혼 같고, 주검에 뿌리내린 들국화 같
        아요.

(소녀, 고통스럽게 딸꾹질한다.)

노 파   당신도 불안한 거지요? 시작과 끝을 알 수 없는 지구의
        환상 그 어디쯤서 꿈이 깰까요. 공룡같이 사랑하고 번식
        하고 그대와 나 화석이 되어요. 우리의 심장을 개미가
        갉아먹고 그 개미가 사랑하여 번식하고 우리 사랑도 함
        께 번식하여요.

(고통스럽게 계속 딸꾹질하는 소녀.)

노 파   그대와 나 어둡고 푸른 영원 속으로 흔적 없이 사라질.
        불행한 연인. 미루나무 가지에 집을 지은 새를 봐요. 하
        늘의 별 하나 품은 것처럼 바람의 막대를 막고 새를 잠

재우는 그 나무 당신께 보여 주고 싶어요.

(소녀, 고통스럽게 딸꾹질한다.
노파, 아랑곳 않고 시를 낭송한다.)

노　파　때로 당신은 채송화 같고 조그만 손거울 같고 봄산 같고
　　　　버들강아지 같고 산과 바다 해와 달, 푸르디푸른 하늘
　　　　같지요. 아, 당신은 끝없는 우주 어디쯤서 사라질까요.
　　　　비애로운 당신과 나를 가로막는 장막. 때로 당신은 얼음
　　　　같고 배암 같고, 황혼 같고, 주검에 뿌리내린 들국화 같
　　　　아요.

(소녀, 거의 실신 상태, 거친 호흡 상태에서 딸국질은 계속한다.)

노　파　당신도 불안한 거지요? 시작과 끝을 알 수 없는 지구의
　　　　환상 그 어디쯤서 꿈이 깰까요. 공룡같이 사랑하고 번식
　　　　하고 그대와 나 화석이 되어요. 우리의 심장을 개미가
　　　　갉아먹고 개미가 사랑하여 번식하고 우리 사랑도 함께
　　　　번식하여요.

(부르르 경련을 일으키는 소녀. 컵을 떨어뜨린다.
거친 호흡이 갑자기 멈춰질 것처럼 헉헉거린다.)

노　파　영원히. 영원히.

(노파, 편지를 접고 잠시 기다린다.

소녀, 여전히 고통스런 딸꾹질 계속한다.

사이.)

노　파　(소녀의 가슴에 손을 누르며) 절 따라 해요 어머니. 숨 쉬지 말고 침을 세 번 삼키세요.

(소녀, 따라 한다. 조명, 소녀의 얼굴에 집중되면 충혈되는 소녀의 얼굴.

간신히 세 번 삼키는 표정. 노파, 소녀의 목을 조른다.

갑자기 숨을 멎는다. 힘없이 떨어지는 손.

노파, 소녀의 가슴에 귀를 댄 뒤 숨이 끊어진 걸 확인한다.

제자리로 가 앉는다.)

노　파　(침착하게) 편히 쉬세요, 어머니… 영원토록 당신을 기억하겠어요 어머니.

(무속음악이 잔잔하게 울려퍼진다.

청색조명, 노파에게 비추면 그로테스크한 표정으로 굳어가는 얼굴. 암전.)

— 막.

상자 속 여자 2

등장인물

여인
아이 (11세쯤의 아이. 사내아이 같은 계집애)

무대

장식 없는 회색 방
무대 높은 곳에 넓은 창문, 그 아래 놓인 검은
색의 어린이용 옷장
무대 중앙에 낡은 간이침대.
왼쪽 구석으로 촛대가 놓인 작은 탁자, 그 앞에
등받이 없는 둥근 의자가 놓여 있다.

제 1 장

어둠.

바람에 스치는 요람의 종소리, 혹은 풍경소리 아득하게 들린다.

달리기를 하는 어린아이들의 발자국소리. 파닥이는 생선같이 충만

한 생명. 모든 소리 점점 고조되다가 뚝 끊긴다.

사이.

노파의 노래소리 자장자장 워리자장 우리아기 잘도잔다.

멍멍개도 짖지말고 꼬꼬닭도 울지마라

우리아기 잘도잔다 쌔근쌔근 잘도잔다.

금자동아 은자동아 수명장수 부귀동아

금을주면 너를주고 옥을주면 너를줄까

샛별같은 눈위에서 구름같은 잠이오네

자장자장 워리자장 우리아기 잘도잔다.

(막이 오르면 창문에 둥근 보름달이 뜬다.

극이 진행되는 동안 보름달은 점점 초승달로 변해간다.

여인(마흔 살 후반. 검은 원피스 차림. 마른 몸매지만 이상한 성적

매력이 풍긴다) 등장.

성냥을 그어 촛불을 밝히려던 여인, 너무 힘을 주어 성냥이 부러
진다. 그럴수록 더 힘을 주어 성냥통을 떨어트린다. 필사적으로 엎
드려 성냥불을 켠다. 간신히 촛불을 밝히는 여인.

다음 행동을 잃어버린 양 멍하니 서 있다.)

여 인 애야 자지? … (귀를 기울인다) 자는구나. 그래 실컷 자거
라. 엄마가 어찌되는 너는 잠만 잘 테지. (갑자기) 아니야.
넌 몰래 자는 척 하겠지?

엄마 말을 알아 들으면서도 못 들은 척 하는 거지? 난
다 알고 있으니 그만 일어나 (의자에 앉는다)

또 우는구나. 저 여자 울음소리, 차마 못 듣겠어.

오늘은 더 슬피 우는구나. 저 여자가 우는 걸 알겠니?
엄만 알고 있어.

저 여자는 미쳐가고 있지. 아니, 벌써 미쳤어. 미쳤어.

(사이)

곱슬머리 정아라고 불렀지. 저 여자 딸앤. 참 예뻤어. 피
가 줄어들어 점점 시퍼렇게 죽어가도 울지 않던 정아 말
이다. 넌 참 신기했지.

"엄마 저앤 하나도 안 울어." 그래, 그앤 울지 않았지.
죽어가는 세살박이 정아. 그런데 애야. 정녕 아픈 앤 울
지 않는데 정아 엄마만 내내 울었지. 너무 울어서 턱이
빠지고, 나중엔 머리가 어깨에 붙어 버렸지.

….

곱슬머리 정아는 오늘, 죽었단다.

….

(어깨에 머리를 묻는 여인.

사이.

옷장에서 튀어나오는 아이. 풍선껌을 씹으며 요요장난감을 무표정
하게 흔들며 무대를 한 바퀴 돌다가 침대 위에 올라앉으며 발을
흔든다.)

여 인 (검은 리본으로 머리를 묶는다) 못써! 그렇게 짝짝 씹어대면
천박해 보인단다 (아이 장난감을 획 집어 던진다) 이런! 너 맞
아야겠구나. (장난감을 탁자 위에 올려놓으며) 언제 철이 들겠
니? 모든 물건은 제자리에, 제자리에 갖다 놓아야 해.

아 이 왜 그렇게 해야 돼요?

여 인 그래야 나중에 찾기 쉬운 거란다. (성냥을 주워 담는다)

아 이 왜 찾기 쉬워야 해요?

여 인 그건, 불안하고 불쾌하기 때문이야.

아 이 불안하고 불쾌는 누군데요? (까르르 웃음을 터트린다)

여 인 그건, (불안하고 불쾌한 표정) 그러니까 불안이란 놈은 태어
나는 순간부터 따라다니는 놈이야. 어둠처럼, 늪처럼,
우물처럼, 동굴처럼, 두 눈을 부릅뜨고 보고 있는 거
지… 그래서 불쾌란 놈이 내내 못마땅해 하는 거야. (다
시 의자로 가 앉는다)

아 이 (침대에서 팔짝팔짝 뛰며) 엄마는 바보야 엄마는 바보야.

여　인　얌전히 좀 있어! (아이 주춤하며 얌전히 않는다) 스프링이 다 늘어나겠어. 너 꼴을 봐. 엉덩이에 뿔난 망아지 같으니라구!

(사이.)

아　이　(웃옷을 들어 배꼽을 신기하게 들여다본다) 엄마 나는 배꼽이 있어요.

여　인　(치맛단을 바느질한다. 검은 치마가 들릴 때마다 앙상한 다리가 드러난다) 누구나 배꼽이 있단다.

아　이　그럼, 배꼽이 없는 것은 없겠다.

여　인　배꼽이 없는 것도 있어.

아　이　원숭이?

여　인　아니.

아　이　기린?

여　인　아니.

아　이　그럼….

여　인　물고기란다.

아　이　물고기?

여　인　물고기는 알에서 태어나니까. 배꼽이 없어. 엄마 젖 먹고 자라는 건 배꼽이 있지. 호랑이도, 강아지도, 원숭이도, 모두 배꼽이 있어.

아　이　그럼, 엄마 젖 안 먹고 다른 거 먹으면 배꼽이 없어지겠네?

여 인 배꼽이란 보이지 않는 쇠사슬이야. 그건 거미줄과 같은 것이지.

아 이 나는 이제부터 다른 거만 먹을래. 배꼽이 없어지게. 히히. 배꼽이 없으면 재미있을 거야. (침대에 누워 고개를 뒤로 젖혀 땅에 닿을 듯하며 껌으로 풍선을 분다)

(사이. 피아노 소리. 바느질을 끝낸 여인.)

여 인 엄마가 고백할 게 있어. 피아노를 사주지 못한 이유, 그래 이유라면 이유가 될 수도 있겠지. 네 소원대로 피아노가 생긴다면, 엄마가 모으고 있는 적금을 해약하거나 몇 달간은 건너뛰어야 했어. 그건 아주 중요한 적금이고 나를 위한 건 아니란다. 모두 널 위한 거지.

아 이 나는 피아노가 싫어요.

여 인 너는 집요하게 피아노를 요구했지. 광적으로… 나는 네가 미치는 줄 알았단다.

아 이 그건 너무 까매서 싫어요. 더구나 흰 건반은 속이 메스꺼워.

여 인 저런.

아 이 괴물 같아요. 헤헤… 괴물 같은 피아노… 엄마 그런데 참 궁금해요. 그 돈을 어떻게 쓸 건가요?

여 인 우선 안개꽃을 한아름 사겠어. 노란 우산을 쓰고 널 찾아 갈 거야.

아 이 (여인의 품으로 파고든다) 추워요 엄마.

여　인　눈이 오면 쓸어주고 비가 오면 우산을 받쳐줄 거야.

아　이　가지 말아요. 엄마. 깨어나면 도시로 떠날 테죠?

여　인　다시는 가지 않을 거야. 꽃이 시들면 다음엔 빨간 장미를 사올 거야.

아　이　요요 장난감도.

여　인　팽이도.

아　이　롤러브레이드도.

여　인　흰 나비도.

아　이　잠자리도… 엄마, 어째서 나는 나예요?

여　인　너는 너니까.

아　이　저기 보름달이 되면 안 되나요?

여　인　너는 너란다.

아　이　빨간 금붕어가 되면 안 되나요? 내 지느러미는 바람과 노래하며 빛 따라 흘러가는 걸요.

여　인　너는 너야.

아　이　무서워요. (치마 밑으로 몸을 숨기려 한다)

여　인　괜찮아. 내가 널 지켜줄게.

아　이　엄마, 무서워요. (치마 밑으로 사라지는 아이)

여　인　애야. 이리 나와. 아무도 없어… 장난치지 말고, 어서 어서… 악!

(암전.)

제 2 장

열린 옷장 안에 앉아 있는 아이. 붉은 실로 손장난을 치고 있다.

창문으로 뜨는 반달.

한아름 꽃을 안고 등장하는 여인. 머리는 풀어지고 누더기가 된 옷을 입고 있다.

여 인 (옷장을 꽃으로 장식한다) 열한 살, 아마 열두 살이었을지도 몰라. 그때 말이다. 내가 강으로 간 건 원피스 때문이었어. 추석빔으로 아버진 원피스를 사 주셨지. 까끌까끌한 천의 감촉이 무척 재밌었는데…. 어느날 학교에서 돌아오니 원피스가 없어졌어. 옷장을 아무리 뒤져도 원피스는 없었단다. 그래서, 엄마에게 물었지. (의자에 앉는다)

아 이 엄마, 제 원피스 못 보셨어요?

여 인 그러자 엄마는 다정하게 말했지.

아 이 네 원피스? 지나가는 문둥이에게 주었단다. (노파의 쉰 목소리로 웃는다)

여 인 꽃잎이 강 위에 떠 있었어. 나는 꽃잎보다 무거워서 가라앉을 거야. 그럼, 다시는 떠오르지 못해.

아 이 그래서 엄마는 살았나요?

여 인 나는 널 위해 살았어.

아 이 어째서 아빠가 사라졌어요?

여 인 고래가 잡아먹었어.

아 이 아직도 고래 뱃속에 있나요?

여 인 그렇단다, 아가.

아 이 죽었어요?

여 인 아마 그럴 거야.

아 이 고래는 왜 잡아먹었어요?

여 인 엄말 때리니까.

아 이 왜요? 왜 때리지요?

여 인 임신을 시켰어. 열세 살 소녀에게.

아 이 그래서요? (침대로 간다)

여 인 (일어나서 서성거린다) 나는 소녀의 어머닐 찾아갔지. (나직
하게) 당신 남편을 고발하겠어. 그녀가 소리치더군. 결
국, 소녀의 어머니는 아이를 지우게 했지. (주문 외듯) 한
아이가 태어나지도 못하고 죽었노라.

(침대로 가서 귀를 기울인다) 얘야, 내 말 듣고 있니?

불쾌하게 생각진 마라. 있는 그대로 받아들여라. 뭐든
자랑할 게 없다는 건, 얘야 우울하단다.

(아이, 침대 밑으로 얼굴을 늘어뜨리고 눈과 입을 크게 벌린다.
공포로 가득 찬 얼굴.)

여 인　또 장난치는구나. 죽은 듯이 숨도 안 쉬고… 날 놀리려
　　　　고 내가 놀라면 웃고 싶어서. 웃고 싶어서. 웃고 싶어서.
　　　　웃.고.싶.어.서. (죽은 듯이 누운 아이. 까르르르 웃는다. 여인,
　　　　환하게 웃으며) 옥구슬이 때르르 굴러가듯이 맑아서 좋아.
　　　　계곡의 물살처럼 와르르 쏟아지는 네 웃음소리. 이토록
　　　　시원한 웃음소리를 들려줄 이가 또 어디 있겠니. 한 번
　　　　더. 한 번 더. (뻐꾸기 시계 소리. 아주 밝고 명랑한 소리) 일곱
　　　　시야. 이때쯤 공장에서 일하던 사람들 집으로 돌아오겠
　　　　지. 내 자린 어떻게 되었을까… 내가 하는 일은 끊어진
　　　　실을 잇는 거야. (일하는 흉내를 낸다) 요만한 실패에 돌돌
　　　　감아서 상자에 담고, 또 돌돌 감아서 상자에 담고 또 돌
　　　　돌돌 감아서 상자에 담고, 또 돌돌돌돌돌….

　　　　(아이, 천천히 팔을 뻗어 실로 손장난을 한다.)

여 인　넌 실을 좋아하지. 엄마 옷에 묻은 잔실을 떼어내는 게
　　　　일이었으니까.

아 이　가끔 하얀 수염도 떼어내죠.

여 인　너도 엄마 따라 일하러 가고 싶었겠지.

아 이　하얀 수염을 보고 싶었죠.

여 인　언제 끝이 날지. 아무리 벌어도 네 병원비도 모자랄 지
　　　　경이야. (히스테릭하게) 엄마는 맨날 거지처럼, 스카프도
　　　　없어! 화장을 안 한 지도 오래고…. 남자들의 눈길을 잊
　　　　은 지도 오래 됐어! 그런 눈으로 보지 마. 난 너를 위해

모든 걸 희생했어.

아 이   엄마는 날 버리고 도망가곤 했지요.

여 인   (애절하게) 너가 죽으면 나도 죽어.

아 이   엄마는 바보야 엄마는 바보야.

여 인   나를 떠나지 마.

(아이, 일어나 하늘을 보면서 달리기를 한다.)

여 인   앞을 보고 뛰어야지.

아 이   … (고개를 더 뒤로 젖힌다)

여 인   앞을 보고 뛰어.

아 이   (제자리에 선다. 여전히 하늘을 본 채) 앞을 보면 불안해요.

여 인   제발, 앞을 보고 뛰어.

아 이   넘어질 것 같아요.

여 인   하늘을 보면?

아 이   (까르르 웃으며) 풍뎅이가 된 것 같아.

(아이는 제자리에서 맴을 돌고, 여인은 담배를 피워 문다.)

여 인   너는 천사가 될 거야.

(아이는 깨금발로 옷장 안에 웅크리고 앉는다.)

여 인   너의 작은 머리에 쇠스랑을 찌른 미친 남자 얘길 했니?

아 이 모래장난을 하고 있었어요.

여 인 너는 미친 남자를 화나게 했어.

아 이 엄마 나는 심심했어요.

여 인 호박을 찌르듯이 너의 이마에 구멍을 뻥 뚫어 놓았지. (웃는다)

아 이 그 남자는 웃었어요. 끈끈한 것이 볼을 타고 흘렀는데 불쾌했어요.

여 인 우선 머리부터 갈라보자고 의사가 말했어.

(사이. 아이는 옷장 문을 닫아버린다.)

여 인 (울음이 복받치는 목소리로) 하자는 대로 할 수밖에!

(사이.)

여 인 옆집의 미친 남자. 그 남자가 너의 머릴 쇠스랑으로 푹 찍어 버렸어. 그 남자가! … 단지 옆집에 살았을 뿐인데. 그 남자가. 그 남자가.

(사이.)

여 인 넌 잠을 푹 자고 일어나면 돼. 꿈없는 긴 잠을 잤다고 생각하면 돼. 왜 그런 날 있잖니.

(갑자기 말을 멈추고 주위를 둘러본다.)

여 인 너 내 말 듣니… 자니?… 엄마가 어찌되든 너는 잠만 잘 테지?

(천천히 의자에 앉는다. 담배를 떨어뜨린다. 공포와 경악의 표정으로 변해가는 여인. 그러나 자신의 감정을 억제한다. 그녀는 감정이 없는 무표정한 얼굴로 변한다.)

여 인 너는 쉽게 죽지 않아!

(고개를 왼쪽 어깨에 묻고 굳어가는 여인. 초승달만 남고 암전.)

노파의 목소리 자장자장 워리자장 우리아기 잘도잔다.
멍멍개도 짖지말고 꼬꼬닭도 울지마라
우리아기 잘도잔다 쌔근쌔근 잘도잔다.
금자동아 은자동아 수명장수 부귀동아
금을주면 너를주고 옥을주면 너를줄까
샛별같은 눈위에서 구름같은 잠이오네
자장자장 워리자장 우리아기 잘도자네

— 암전. 막.

조용한 손님

등장인물

김노인	72세. 50대 후반
구씨	61세
차련	40대. 20대
상필	40대, 김 노인의 사촌
노인	유령. 구 씨의 아버지
여인	구 씨의 분신. 20대
훈	아이. 구 씨의 손자
도깨비 노인	

막이 오르기 전. (어둠 속에서)

중년여자의 소리　어머니가 돌아가셨어요. 사 개월 전에. 그날 아침, 세수를 하고 어머니는 마지막으로 떠오르는 태양을 한 번 쳐다보았을 거예요. 왜냐하면 어머니는 세수를 하고 난 뒤 쓰러지셨으니까요. 평소 어머니는 고혈압이었죠. 그리고 숨겨진 병이 있었어요. (무대 조명 밝아지면 무대 끝에 있는 의자에 앉은 차련. 40대) 그러나 뭐 대단한 건 아니에요. 아니, 어쩌면 대단한 건지도 모르죠. 봄이 오면 잠깐 아주 잠깐 발병해요. 아주 잠깐, 꽃샘바람이 부는 그 한 달 동안만 말입니다. 어머닌 전혀 딴 사람이 되죠. 술을 먹기도 하고, 노랠 부르기도 하고, 웃기도 하고, 울기도 하고,… 그렇게 이십 오 년 동안 봄마다 가슴을 앓았답니다.… 전, 어머닐 별로 좋아하지 않았어요. 오히려 아버질 더 좋아했죠. 하지만, 어머니가 쓰러지셨을 때, 난 그녀의 종말에 대해 냉정해질 수 없더군요. 어머니의 시체는 무척 가벼웠습니다. (시계를 본다) 시간이 흘렀군요. 이건, 단순히 저의 어머니 이야깁니다. 일생동안 점점 가벼워진 우리 어머니의 이야기죠.

암전.

제 1 막

어두운 산그림자진 텅 빈 무대. 무대 뒷면은 호수.

무대 오른쪽 가장자리에 이끼 낀 탑.

서늘한 여름저녁.

막이 오르면, 사찰의 종소리. 그윽하고 나지막하게 울린다. 연못을 향해 꼼짝 않고 서 있는 61세의 구씨. 관객에겐 그녀의 옆모습만 보인다. 오랫동안 염색도 펴머도 하지 않은 부시시한 머리카락에 빛바랜 자주색 바지와 허름한 남방을 걸친 구씨는 흰 목장갑을 낀 채 고사리가 담긴 비닐백을 들고 장승처럼 우뚝 서서 연못을 보고 있다. 얼굴은 꿈꾸는 듯한 몽상가적인 모습이다.

곧이어 산길에서 내려오고 있는 72세의 김노인. 구씨와 비슷한 옷차림. 한 손에는 금방 자른 듯한 나뭇가지를 지팡이처럼 들고 간혹 땅에 탕탕 치며 나무의 단단함을 시험하며 천천히 내려온다. 곧바로 구씨 옆에 서서 연못을 향해 시선을 준 뒤 담배를 꺼내 입에 문다. 지팡이를 옆구리에 끼고 웅크린 자세로 성냥불을 붙이려 하나 뜻대로 되지 않는다. 그의 얼굴엔 세월의 풍파를 이겨낸 고목나무와 같은 푸근함과 여유가 풍기며 동시에 순진한 아이와 같은 익살과 장난기가 배어 있다. 그는 몇 번의 시도 끝에 담뱃불을 붙인다.

김노인 (만족스럽게) 이봐, 한 대 피우겠나? (구씨 고개를 젓는다) 햐! 내가 담배마저 끊으면 무슨 낙으로 살겠나. 난 술도 못 마시는데 말야. 우리 조부님은 곰방대를 주무실 때도 물고 있었지… 그때야 담배가 어디 요즘 같나. 마른 연초를 그냥 피웠지. 그때 담배맛이 진짠데… 햐! 그래도 80수를 넘겼어. 그만하면 옛날엔 장수한 거지. (지팡이를 다시 땅에 탕탕 쳐 본다) 어때? 산에 오를 땐 제법이겠지. 벌써 숨이 가쁘다니. 하긴, 나이도 나이지만 조부만큼 산다면 앞으로 딱 십년 남았군. (담배를 입에 물고 지팡이의 나무껍질을 벗기려 하지만, 잘 벗겨지지 않는다)

구 씨 당신, 여기 전설을 아세요?

김노인 (건성으로) 어디?

구 씨 이 연못 말예요.

김노인 이무기가 용이 되어 올라갔다지?

구 씨 (확신에 차서) 그래요.

김노인 (드디어 나무껍질을 벗겨 매끈한 지팡이를 만든다) 그러나 그걸 누가 믿어. 상상 속의 동물인 걸.

구 씨 난 봤어요.

김노인 (진지하게 구씨를 쳐다보며) 당신 무슨 소리야?

구 씨 분명히 봤어요. 뿔 난 커다란 물고기예요.

김노인 (걱정스럽게) 당신, 우울증이야. 올핸 그냥 지나갈 줄 알았는데. 내일 함께 병원에 갈까?

구 씨 걱정말아요. 당신. 아직은 아니에요.

김노인 (마음을 놓으며) 무사히 넘긴 거야. (호기심에 찬 목소리로) 그래 당신 뭘 봤다고 그랬지?

구 씨 뿔 난 물고기요.

김노인 (조소하며) 엉덩이에 말이지?

구 씨 아뇨. 머리에 났답니다. 꼭 사슴 같았다오.

김노인 (진지한 호기심으로) 언제?

구 씨 그날 유난히 안개가 짙대요. 아마 혼자 걸었을 거예요. 흥얼흥얼 콧노래도 부르면서 말예요. 그때. 이상하게 연못서 누가 자꾸 나를 보는 것 같대요. 그래, 얼른 돌아보니. 풀숲 새로 커다란 뿔이 보였지요. … 그 뿔 아래 동그란 눈이 나를 빤히 쳐다보대요. … 참말 그렇게 큰 물고기는 첨 봤어요.

김노인 (경탄하며) 이무기야.

구 씨 어느날, 맑은 하늘에서 갑자기 검은 구름이 뭉실뭉실 솟아나더니 연못 주위만 기둥처럼 감싸대요. 밭에서 일하던 사람들이 무심히 그곳을 쳐다보고 모두 입을 벌리고 다물 줄을 몰랐어요. 얼마나 놀랐는지! 구름 사이로 비늘이 번쩍이대요.

김노인 고기비늘 말이지?

구 씨 후에 사람들이 그러대요. 승천하는 모습을 사람들에게 들켰으니 그것은 분명히 옳은 용이 못 되었을 거라고요.

김노인 용을 봤다 그 말이군!

구 씨 (무심히) 그래요. 용이었어요.

김노인 왜 이제야 생각했소? 그렇게 재미난 얘길!

구 씨 요즘 자주 옛일들이 생각나요. 산에서 길을 잃었던 일이나. 계곡에서 신발을 잃어버린 그런 일들 말예요.

김노인 모두 잃어버린 일만 기억하는구려.

구 씨 살면서 모든 걸 잃었잖아요. 여기 서서 그 이상한 물고기를 봤을 때 전 아홉 살이었어요. 세상은 신비로운 일만 가득 차 있을 줄 알았는데. 후후. 당신에게 시집가는 날, 얼마나 가슴이 부풀었던지….

김노인 왜? 이스트를 먹었나? 부풀긴 왜 부풀어.

구 씨 세상 구경할 기회가 왔으니까요.

김노인 당신은 그때 열아홉이었지.

구 씨 열아홉! (비로소 미소를 띄우며) 첫날밤, 난 당신이 무서웠어요.

김노인 그래서 비명을 질렀군.

구 씨 당신이 족두리보다 저고리를 먼저 벗겼기 때문이에요.

김노인 까마득한 옛날 얘기야.

구 씨 바로 어제 일 같은데, 사십 년이 지났네요.

김노인 사십 년!

구 씨 (격렬하게) 아! 세상에!

김노인 (엉거주춤하게 일어서며) 당신.

구 씨 그런 눈으로 쳐다보지 마세요. 난 아무렇지도 않으니 (비닐백을 무심히 떨어뜨린다) 걱정말아요. 단지 지난날이 생각났어요. 여기 서서 호수를 보고 있는데 그때 내 나이 아홉 살이었어요… 헌데 문득, 생각나네요. 태몽. 태몽을, 그애 태몽을 당신이 물었잖아요. (김노인의 얼굴은 점점 굳어진다) 아이 태몽은 바로 그애 미래라고 그러대요. 난 잊어버렸다고 말했지요. 사실 전 태몽 같은 건 벌써 잊어버렸어요… 헌데 이제야 생각났어요. 사십 년이 지난 지금에서야.

김노인 (화제를 돌리려 애쓴다. 비닐백을 주워 안을 들여다보며) 당신, 어디서 이렇게 많이 꺾었지? 손가락만 하군.

구 씨 마흔이 되었을 거예요. 그애가 살았다면….

김노인 중공산 고사리는 이보다 더 굵더군. 장에서 보았지. 트럭으로 한 차 싣고 왔더라구.

구 씨 그 커다란 물고기가 내게로 안겨왔어요.

김노인 당신도 알고 있지? 차련이가 임신했을 때 말야.

구 씨 그래요. 전쟁만 아니었더라면

김노인 (거의 필사적으로) 당신이! 당신이 그앨 위해 고사리를 꺾었어. (구씨 비로소 김노인을 쳐다본다) 비를 맞으면서 말야.

구 씨 그앤, 고사리를 좋아했어요.

김노인 (명랑하게) 입덧이 심했지.

구 씨 스님처럼, 고사리만 먹었답니다.

김노인 (생각난 듯) 아, 어제 전화가 왔어. 내가 당신한테 얘기했나?

구 씨 아뇨.

김노인 깜박했어… 건망증이 날로 심하군.

구 씨 무슨 일이래요?

김노인 가출을 했다는군. (우울해지며) 아마, 시험에 떨어졌나봐.

구 씨 그 나이에 가출을? 더구나 무슨 시험을 보죠?

김노인   차련이가 아니야. 당신은 그애가 고3 엄마라는 걸 몰라? 그 녀석은 중국집 요리사같이 덩치가 곰 같고, 에민 조잘대는 발바리 같다니까.

구 씨   그럼, 훈이가 떨어졌군요.

김노인   전기, 후기, 전문대까지 떨어졌다는군. 하긴, 이제야 연락할 맘이 생긴 거겠지. 모두 에미의 허영 탓이지. 과대평가한 거야. 부모라면 한때 자식한테 거창한 기대를 걸기 마련이지. 그러나 그앤 완전히 당한 거야. 내게 한 것처럼… 옹골진 거지. 그렇지 않아?

구 씨   악담하지 말아요.

김노인   악담이라니! 차련이가 내게 준 상처를 생각해보라구. 인과응보야.

구 씨   그앨 질투하고 있는 거예요.

김노인   내가? 누굴!

구 씨   당신이 없어도 그앤 잘 살고 있거든요. 당신이 반대하든 말든 결혼해서 잘 살고 있잖아요.

김노인   당신이 뭘 알아! 그애가 불행한지 행복한지!

구 씨   (비난조로) 그야 불행하겠죠.

김노인   어차피 삶은 불행한 것도 행복한 것도 아니야. 그렇지만 그앤 후회하고 있을 거야.

구 씨   후회!

김노인   당신은 몰라, 모르지. 백 번 죽었다 깨어나도 당신은 그앨 이해하지 못해. 그게 바로 여자들의 한계야.

구 씨   당신 딸도 여자예요.

김노인   하긴. 그렇지만 그앤 달라. 이상이 있었어. … 이젠, 날개 부러진 새처럼 되었지만, 아니야, 지금도 늦지 않았어. 맘만 먹으면 다시 시작할 수 있을지도 모르지 여보, 그앤 다시 글을 쓸 거야. 내가 그렇게 해 보겠어!

구 씨   (혼잣말로) 그앤 절망할 거예요.

김노인   그애가 그대로 늙어가다니. 당신처럼 말이야. 이상한 히스테리로 봄이면 정신병원 신세를 지는 그런 할망구가 되게 할 수 없어. 그렇지 않아?

구 씨   여보!

김노인   다시 쓸 수 있을 거야. 지는 노을을 보며 눈물짓던 그앨 당신은 기억하겠지. 그앤 시인이야. 아니 시인이어야 해!

구 씨   마흔에… 모험이에요. 당신, 그애에게 요구하지 말아요. 모든 건 부질없어요. 헛된 환상이라구요.

김노인   (대화를 단념하며 비웃듯) 헛된 환상!

구 씨   … 언제 가출했대요?

김노인   그야 마지막 시험에 떨어지고 난 후겠지.

구 씨   어쩌면?

김노인   어쩌면?

구 씨   친구 집에 간 건 아닐까요?

김노인   팔자 편한 소리!

구 씨   (경악하며) 그앤 어려요. 잘못되면 어떡하죠?

김노인   어리긴 뭐가 어려! 난 그 나이에 관동군으로 사경을 헤맸어. (허를 차며) 요즘 아이들, 팔자 편해서 떠먹여주는 밥도 제대로 못 먹으니….

구 씨　무정하군요.

김노인　다 에미 탓이야.

구 씨　그 에민 우리가 키웠어요.

김노인　….

(사이.)

구 씨　그앤 왜 당신한테만 전화하죠?

김노인　그야 늘 내가 받으니까.

구 씨　내가 받은 적도 있어요.

김노인　항상 내가 받았어.

구 씨　당신이 늘 가로챘으니까.

김노인　내 전화니까 그렇지!… 따르릉 하면 날 찾지 당신 찾는
　　　　전화 없어.

구 씨　그래요. 당신 참 잘났구려.

김노인　그렇지. 당신보다야 잘났지.

구 씨　(화를 억누르며) 그렇게 잘난 사람이 왜 나같이 못난 사람
　　　　하고 살았을까.

김노인　알긴 아는군.

구 씨　(떨며) 왜 날 무시하죠? 왜! 못마땅하게 여기죠? 당신이
　　　　그러니까 그애까지도 날 무시하잖아요!

김노인　(차갑게) 또 시작이구만.

구 씨　당신이 날 이렇게 만들었어요! 열아홉에 시집와서 한 번

도 내 뜻대로 살지 못하고, 당신한테 속아서, 오만고생 다 하고.

김노인 당신 뜻대로 사는 게 뭐였어!

구 씨 (멈칫하며) 그앨 살려야 했어요!

김노인 (비닐백을 팽개치며) 그만! 잊어버려! 전쟁 통에 우리만 아이 잃은 건 아니야. 알기는 알아? 당신도 날 망쳐놨어.

구 씨 그래서 당신 하고 싶은대로 다 하셨군요. (불안하게 손을 마주 잡으며) 숱한 여자! 그 잘난 집안과 가문을 위해서! 그놈의 아들, 아들, 아들!… (냉정해지며) 핑계도 좋았군요. 오, 흥! 그래서 딸의 친구도 첩으로 두셨군요?

김노인 그만 닥치지 못해 이 할망구야!

구 씨 (침착하게) 당신은 아직도 날 의심하고 있어요. 그애 스스로 도망간 거예요. 그리고 당신 딸이 도와준 거구요.

김노인 (신음하듯) 지난 과거는 들추지 마. 제발.

구 씨 당신이 먼저 시작했어요. 내가 뭘 망쳐놨어요? 얘기해 봐요. 당신 뜻대로 살았잖아요. 아닌 게 아니라….

김노인 (풀이 죽으며) 그래. 내 뜻대로 살았어. (고사리 가방을 주워 든다)

구 씨 (머리를 짚으며) 아무것도 남은 게 없군요. 결국, 죽는 일만 남았어요.

(사이.)

김노인 (구씨의 어깨에 손을 얹으며) 당신, 우울증이 온 거야.

구　씨　아녜요. 아직은.

김노인　아니야. 난 알고 있어. (구씨의 얼굴을 들여다보며) 당신 눈동자가 빛나가고 있어. (구씨의 흩어진 머리카락을 올려준다)

구　씨　(노인의 어깨너머 먼 곳을 응시하며) 어릴 때 저걸 한 번 타고 싶었어요.

김노인　(뒤로 돌아서서 장난스런 표정으로) 상여집이로군!

구　씨　당신, 내게 약속해요.

김노인　하지!

구　씨　꽃을 많이 달아 주세요.

김노인　꽃을?

구　씨　종이꽃 말예요.

김노인　(정답게) 그래, 그래. 무덤을 아예 꽃밭으로 꾸며주지.

구　씨　무슨 꽃을 심을 거예요?

김노인　코스모스, 채송화, 들국화, 당신이 좋아하는 개나리도 심어주지!

구　씨　당신 보아 둔 땅이 어디라 했죠?

김노인　땅?

구　씨　새 집 말예요.

김노인　(산골짜기를 가리키며) 저 산 너머에 있지.

구　씨　삼박골이군요.

김노인　그곳에선 읍내가 보이지. 냇물이 굽이도는 것도 보이고 말야. 물이 굽이쳐 흐르니 자손만대 풍족하게 살 거야. 자손도 번창할 게야.

구　씨　누가 그래요?

김노인 조풍수가. 하지만 나도 좀 볼 줄 알지. 그곳에 서면, 편안해지거든.

구 씨 우리 함께 묻히나요?

김노인 그래. 합장할 거야. 우리 둘 중, 누군가 먼저 죽겠지. (구씨의 손을 잡아끌고 산쪽으로 향해 선다)

(주위 황혼으로 물들고 갑자기 바람이 분다. 여기저기 이동하는 새들의 날개짓. 갑자기 모든 것이 조용해지면, 아득하게 들려오는 쇠종소리. 산길에서 천천히 내려오는 사구제(사람이 죽은 날로부터 49일째 치르는 불교의식) 행렬. 맨 앞에 가사장삼의 스님 한 명이 손에 작은 쇠종을 흔들며 내려온다. 그 뒤로 두 명의 스님과 망자의 유족들이 위패, 옷이 놓인 상, 사진 등을 하나씩 들고 등장.)

구 씨 누가 죽은 모양이에요.

김노인 당연한 소리. 죽었으니까 사구제를 지내겠지.

구 씨 당신도 믿으세요?

김노인 (행렬이 그들 앞을 지나간다) 쉿!

(김노인은 스님을 향해 합장한다. 행렬은 아주 느린 속도로 그들의 앞을 지나 탑을 한 바퀴 돈 뒤 퇴장.
그들의 행렬 맨 끝에 커다란 나비가 따라간다.)

구 씨 (가벼운 탄성) 나비에요.

(행렬이 끝난 뒤에도 나비는 아주 천천히 유영하다 행렬이 사라진 쪽으로 사라진다.)

김노인 어디 사람인지 전혀 모르겠는걸.

구 씨 저기 봐요. 계속 따라가네요.

김노인 사진엔 아직도 환갑도 안 지낸 것 같은데. 쯧쯧.

구 씨 … (생각에 잠긴다)

김노인 이런, 저기 먹구름이 이는군.

구 씨 당신은 믿으세요?

김노인 무슨 엉뚱한 소리야.

구 씨 죽었다가 49일 만에 다시 태어나는 것 말예요.

김노인 (흥미를 느낀다) 음, 나는 말야. 저 푸른 하늘에 고고하게 날아가는, (장난스런 표정으로) 솔개가 되고 싶어. 그래, 당신은 뭐가 되고 싶지?

구 씨 사람으론 태어나고 싶지 않아요. 그저 미물이어도 상관없으니, 날아다니는 것이었으면 좋겠어요.

김노인 그래, 당신은 땡벌이 될 거야. 애앵.

(이때, 무대 갑자기 어두워지며 바람이 휘몰아친다.)

김노인 저길 봐! 비가 몰려오는데, 큰일 났어! (허공에 대며 킁킁대며) 아! 흙냄새. 이 비 오래 가겠어! (구씨의 팔을 잡으며) 달리기 시합할까?

구 씨 혼자나 뛰세요.

김노인 (제자리에서 뛰며) 같이 뛰자구! 날고 싶다며? 자, 바람을
등지고 날아보자구!

김노인 그래요. 뜁시다.

(그들 달리면서 암전. 천둥소리. 후두둑 떨어지는 빗소리. 바람.)

제 2 막

뜰을 접해있는 낡은 한옥의 사랑채.

오른쪽에 난간이 있고 난간 아래에는 잎이 무성한 장미 한 그루가 있는 뜰. 마루에는 앉은뱅이 탁자. 왼쪽으로는 안채로 통하는 담과 좁은 문. 무대 뒷면은 상수리나무 숲. 무대 전면은 마당.

마치 텅 빈 사원같은 썰렁한 분위기다.

막이 오르면, 앉은뱅이 탁자 위에 몸을 구부린 채 신문을 보고 있는 김노인. 돋보기를 쓰고 꼼짝 않고 앉은 모습이 우스꽝스럽다.

왼쪽에서 느릿느릿 등장하는 상필, 그는 40대 초반으로 소심하지만 선한 인상이다. 간혹, 멈춰서서 주위를 둘러보기도 하다가 어딘가에 귀를 기울이기도 한다.

아침인데도 술이 덜 깬 듯한 표정. 작업복차림. 무대 중앙까지 걸어와서 모자를 반듯하게 써 본다. 그리고 가끔씩 소가 너울을 벗어버리려고 고개짓을 하듯 머리를 돌리는 버릇이 있다.

김노인 앞에서 헛기침을 한다. 그러나 여전히 신문에 몰두하는 김노인.

상 필 형님요.

(김노인 돋보기 너머로 낯선 사람인가 살펴보더니 혀를 찬다.
상필, 주춤거리며 마루에 걸터 앉는다.)

김노인 (킁킁거리며 냄새 맡는다) 이런, 술 냄새. 보나마나 집에 못
들어갔겠군.

상 필 (모자를 벗어 앞주머니에 구겨 넣으며) 한 잔 했습죠, 형님.

김노인 한 잔만 했겠어? 두 잔, 석 잔, 스무 잔, 정신없이 마셨
겠지. (돋보기를 벗으며) 그래, 언제 집에 들어갔나?

상 필 (고개를 돌린다) 집요? 글쎄 저도 모르겠어요 형님. 밤새
도록 걸었는데….

김노인 에헤! 내 그럴 줄 알았지.

상 필 (골똘히 생각한다) 읍내서 한 잔 했어요. 그리고 줄곧 걸었
는데…. (주위를 둘러본다)

김노인 어쨌든 집을 찾아가야지 여길 오면 어떡해.

상 필 형님, 저도 그게 이상하단 말입니다.

(이때, 왼쪽에서 조로를 들고 나오는 구씨, 화단의 장미에 정성을
기울여 물을 준다.)

김노인 (혀를 차며) 나이 몇 살인데 술 먹고 길을 잃나.

상 필 아녜요. 형님. 오다가 이상한 노인을 만났거든요.

김노인 (갑자기) 이상한 노인?

상　필　예, 요즘 세상에 그렇게 옷 입은 사람은 첨 봤어요. (주위를 둘러보며) 방금 여기 골목 앞에서 봤는데… 여기 오지 않았던가요?

김노인　누가?

상　필　(모자를 꺼내 만지작거린다) 제 모자를 몇 번이나 뺏으려고 했어요. 참, 싱거운 노인이죠. 저기 솔밭에선 씨름을 하재요. 허 참, 제가 어떻게 노인하고 씨름을….

김노인　어디서, 어디서 만났지?

상　필　다리 아래서요. 절 보고 내려오라고 하대요.

김노인　그래서 내려갔나?

상　필　아뇨 (구씨에게) 형수요 안녕하셨는거? 헤헤

구　씨　(상필을 잠깐 돌아보고) 또 술을 먹은 게로군.

상　필　(서운하게) 자꾸 술 먹었다고 하지 마세요. 오늘은 한 잔도 안 마셨는 걸요.

김노인　어떻게 생긴 노인이지?

구　씨　아침은 먹었어?

상　필　(머리를 흔들며) 헤헤. 배에서 막 꼬르륵거리네요. 헤헤.

김노인　(불끈하여) 허 참! 어떻게 생겨 처먹었어!

상　필　(깜짝 놀라 고개짓하며) 작아요 아주. 헤헤. 귀청 떨어지겠어요.

김노인　그러니까 돌아가신 작은 아버지하고 똑같은 소릴 하고 있군.

구　씨　아침을 차릴 테니 먹고 가게나.

김노인　작은 아버지도 술을 너무 좋아해서 맨날 도랑에서 밤을

샜다네. 그래도 참 다행이야. 자넨 도랑에는 안 처박혔
으니.

상 필 헤헤. 형님도.

김노인 웃어? 그래 그게 웃을 일이란 말이지.

상 필 (농담하듯) 도랑엔 왜 빠져요.

김노인 그야 낸들 아나. 도깨비한테 밤새 홀려 다닌걸.

상 필 도깨비? 에이. 요, 요즘같은 커, 컴퓨터시대에 형님 농
담 말아요.

김노인 농담 아냐!

상 필 (얼이 빠져 슬금슬금 물러나 앉는다) 아이, 깜짝이야.

김노인 자, 어서 아침이나 차려주게.

구 씨 알았어요.

(이때, 구식 정장을 한 키 작은 노인 마당을 가로질러 지나간다. 상
필, 김노인 그 노인에게 시선이 가지만 안 보이는 듯 무표정하다.)

구 씨 여보세요. (빠르게 지나가는 노인을 불러 세우지만 이미 퇴장하
고 없다) 참, 별난 노인이죠.

상 필 (졸다가) 예?

김노인 누가?

구 씨 금방 지나간 노인요.

김노인 이건 또 무슨 뚱딴지 같은 소리야.

구 씨 분명 봤는데… 참, 이상한 노인네야.

(심하게 코를 고는 소리에 구씨와 김노인, 상필을 바라본다.
상필, 난간에 기대어 단잠을 잔다.)

구 씨　당신 사촌은 벌써 곯아 떨어졌어요. 쯧쯧. 어떻게 농사
　　　는 짓는지 모르겠네요. (조로의 물을 다 주고 장미잎사귀를
　　　하나 딴다)

김노인　어쩌겠어. 굶어죽지 않으려면 일해야지.

구 씨　(짧은 비명) 아! 이것 좀 보세요

김노인　왜 그래? 무슨 일이야? (구씨에게 다가간다)

구 씨　이런. 이런.

김노인　(잎사귀를 뺏어보며) 이런, 할망구. 진드기를 가지고 웬 난
　　　리야.

구 씨　다닥다닥 붙었어. 아, 나도 병들면 이렇게 다닥다닥 벌
　　　레들이 붙어 있겠죠?

김노인　우글우글거리겠지 심장, 위, 대장, 간 온통 들끓을 게야.
　　　그러나 뭐 어때. 심심하던 차에 잘 됐지. 어차피 죽으면
　　　그놈들도 같이 죽을 거 아냐?

구 씨　(떨며) 여보!

김노인　자, 자. 흥분하지 말라구 (구씨를 마루로 데려가며) 걱정 마.
　　　오후에 내가 진드기 약을 뿌려주지. 희한하게 한 마리도
　　　남지 않을 거야. 완전 박멸! 한방에 날립니다. 거 몰라?
　　　텔레비전에도 나오잖아. (마루에 앉힌다) 요즘 농약은 대
　　　단하거든 (옆에 나란히 앉는다) … 안됐지만 진드기도 멸종
　　　될 거야… 다음은 내 차례고.

구 씨　그런 소리 말아요.

김노인　술고래였지. 한 놈은 술 한 말 들고 가진 못해도 뱃속에 넣고서는 갈 수 있었어. 허참! 그 애비에 그 자식이라고 장남이 술 먹고 배터져 죽었어.

구 씨　쯧쯧. 맘 하나는 착한 분이셨죠.

김노인　갑자생. 설움 많은 갑자생. 대동아전쟁, 6 · 25. 겨우겨우 살아난 놈들 다 죽고 나만 남았어! (갑자기 울먹울먹한다)

구 씨　당신은 한 백 살까지 살 거예요.

김노인　(갑자기 명랑해지며) 겨우? 농담 마. 적어도 한 오백 년은 살아야지.

구 씨　그래요. 나 먼저 갈 테니 당신 혼자 오래오래 사세요.

김노인　이런, 할망구. 밥하고 빨래는 누가 해주고!

구 씨　얼씨구. 지금이라도 안 늦었으니 젊은 기집 얻어보슈. (일어난다)

김노인　수 틀리면 진드기약 안 뿌려 줄 거야. (상필일 깨우며) 어서 일어나. 밥 먹고 집에 가 어서! (서둘러 마당으로 내려선다)

구 씨　어디 가요?

김노인　(퇴장하며) 창고에. 작년에 쓰던 진드기약이 좀 남았지. 분무기도 어디 찾아봐야지.

구 씨　(상필이를 흔들며) 이봐! 고만 일어나. 속 버려. 밥이나 먹어둬야지. 아유 술 냄새.

(전화벨. 고개를 절레절레 흔들며 방으로 퇴장. 오랫동안 전화벨 울린다. 사이. 전화벨 끊긴다. 사이. 상필, 잠이 깨어 일어난다. 가

벼운 팔운동과 고개짓을 하며 마당으로 내려선다. 그때 왼쪽에서 죽은 아이를 업은 젊은 여자가 주위를 두리번거리며 등장. 상필은 장미 앞에 멈춰서 유심히 장미를 들여다 본 후 갑자기 장미 잎사귀를 뜯어 먹는다. 마치 염소처럼. 이와 함께 조명은 비현실적인 분위기로 바뀐다. 상필은 소처럼 고개짓을 한 뒤 모자를 반듯하게 쓰다가 여자와 마주치나 상필은 여자가 보이지 않는 듯 지나친다. 그때 구씨, 방에서 나온다. 불안한 표정.)

구 씨   (구씨, 문득 난간 아래 선 여자를 발견) 누구세요?

상 필   예. (돌아본다)

구 씨   (여자에게 두려운 목소리로) 누구세요?

상 필   형수요. 저 이만 가볼게요. (트림한다)

구 씨   (여자에게 온통 신경이 가 있다) 행상하러 오셨수?

상 필   형수님, 저 여기 있어요. 어디다 얘기하세요?

구 씨   (그제야 상필을 돌아본다. 그러나 이내 여자에게) 여기 올라와
         요. 좀 쉬다 가려고 들린 모양인데 이리 올라오세요.

상 필   아녜요. 이만 가봐야 해요. 헤헤. (모자를 만지작거리며 다
         시 쓴다)

구 씨   이리와요, 여기 앉아요.

         (여자, 망설이다가 마루에 다소곳이 걸터 앉는다. 여자는 구식옷을
         입고 있다. 상필은 고개를 갸우뚱거리며 퇴장한다.)

상 필   (눈을 비빈다) 참 이상허네. (혼잣말로) 나, 가요.

구 씨   (호기심과 놀라움이 가득한 표정으로) 어. 어디서 오셨소?

여 자   바래에서요.

구 씨   바래?

여 자   (주위를 둘러보며) 여긴, 어디죠?

구 씨   월계라오… (아이를 보려고 한다. 여자 움찔 뒤로 물러난다) 알
         았어요. 잠들었나 보네.

여 자   무, 물 좀 주세요.

구 씨   쯧쯧. 어딘지는 몰라도 먼 길 오셨구려. (구씨가 탁자 위의
         주전자에서 물을 떠다 준다. 여자는 단숨에 마신다. 또 잔을 내미
         는 여자. 여자는 세 잔째 물을 마신다) 갈증이 심했나 보네…
         밥은 먹었소?

여 자   (고개를 끄덕이며 집을 둘러본다) 피난은 안 가셨어요?

구 씨   피난?

여 자   예… 전, 남편을 찾아가는 중이에요.

구 씨   남편은 어딨소?

여 자   (보따리에서 엽서를 꺼낸다) 여기 있어요.

구 씨   (남편의 돋보기를 쓰고 읽는다) 김동욱 하사 위독. 강원도 원
         성군 육군병원 응급실 (엽서를 떨어트린다) 이건… 사십년
         전. 사십 년 전… 그러니까 나도 이곳에 간 적이 있지.
         이런 엽서를 가지고….

여 자   줄곧 걸었지만, 마을을 만나지 못했어요.

구 씨   그땐 모든 것이 불타고, 잿더미만 남았지.

         (불에 타는 소리와 아이의 울음소리. 귀를 막는 구씨. 여자, 일어

나 아이를 어른다.)

여　자　우리 애기. 착하지? 우리 애기. 울지도 않고 잠만 자는 우리 애기. 착하지. 우리 애기

구　씨　(소리 사라진다) 곳간도, 집도, 아이도….

여　자　(무대를 빙글빙글 돌며) 우리 애기 착한 애기. 울지도 않고 잠만 자는 우리 애기 착한 애기.

구　씨　막막했어. 그토록 먼 길은 생전 처음이었으니까. 바람도 없고, 빛도 없는.

여　자　우리 애기 착한 애기. (마루에 걸터 앉아 포대기를 풀어 아기에게 젖을 먹인다)

구　씨　그 먼 길을 (미소를 지으며 여잘 본다. 그러나 아이에게 시선이 가는 순간 놀란 모습 그대로 움직이지 않는다. 여자가 안고 있는 것은 나무토막이다) 아니, 새댁!

여　자　배가 고파도 울지 않아요 참, 순하지요?

구　씨　(침착하며) 참말 순하네요… (엽서를 들여다보며) 새댁 이름은 친정아버지가 지었죠?

여　자　(부끄러워하며) 아들이 아니라서….

구　씨　무척 통분하게 생각했겠어요.

여　자　그래서 이름을….

구　씨　통분으로 지었다지요?

여　자　(웃으며) 맞아요. 구통분이 바로 제 이름이에요.

구　씨　새댁은, 이제 보니 나하고 이름도 같네.

여　자　이렇게 잘생긴 아들을 낳았으니, 그이도 기뻐할 거예요.

(아이를 다시 업는다)

구 씨   남편을 찾아갔을 때, 난 알아보지 못했다오.

여 자   사흘 밤낮을 걸었어요.

구 씨   사람들이 와서… 금방 숨진 남자를 끌어내고… 응급실을 다 돌아다녀도 남편을 찾지 못했는데….

여 자   (난간으로 걸어가며) 아일 업고 죽이려고 했지만….

구 씨   남편은 장작처럼 마르고, 거의 죽은 사람이나 같았지요.

여 자   죽은 줄 알았던 남편에게 연락이 와서.

구 씨   여섯 개의 총알이 그의 몸을 관통했는 데도, 남편은 살아 있었다오.

여 자   이름을 지어 달랠 거예요. 아버지가 전쟁터에 있어서 아직 이름을….

(여자는 난간 위에 걸터 앉는다. 구씨는 얼이 빠진 표정.)

구 씨   자넬 잊었다니… 나도 늙은 모양이지?

여 자   (집을 둘러보며) 여긴 어디예요?

구 씨   그때, 내가 찾아가지 않았더라면 남편은 죽었을 거래.

여 자   내가 당신처럼 늙었단 말이지요?

구 씨   왜? 실망했소?… 내 오래전부터 기억해 내려고 무진 애를 썼지. 헌대도 도통. 기억할 수가 없었어. 무슨 일이지. 자넬 보니 과거는 현재와 아무 연관이 없네. 대체, 지나온 시간이 꿈같아. 자넨 내 과거지만 난 아무런 치료도 해 줄 수 없어.

여　자　시간이 멈춰버렸어요.

구　씨　심중에 헤매임 그대로 멈춰졌지.

여　자　(일정한 어조로 책을 읽듯) 아이를 잃은 여자. 엄마를 잃은 아이들. 불탄 마을. 잿더미가 된 나라….

구　씨　운명이라 하기엔 상처가 너무 깊어.

여　자　고생이 많았겠네요.

구　씨　물론, 좀 했어.

여　자　(난간에서 내려오며) 이제 가봐야겠어요. (잠깐 멈춰서서) 그네는 잘 타세요?

구　씨　그네?

여　자　나뭇잎을 딸 정도로 잘 타시면서.

구　씨　아! 그네를 안 탄 지도 한 사십 년이 지났어.

여　자　내년엔 꼭 그네를 타보고 싶어요.

구　씨　(미소를 지으며) 언제나 그랬지.

여　자　참, 깜박 잊을 뻔했네 (손을 내민다. 구씨, 엽서를 건네주면 여자, 엽서를 소중하게 보자기에 넣는다. 이때, 대낮의 나뭇잎들이 무대 위에 드러난다)

구　씨　꿈만 꾸면 그때로 돌아간다오. 하지만 내 일생 중 다시는 돌아가고 싶지 않은 때라오.

여　자　(무대를 가로질러 퇴장하며) 우리 애기, 착한 애기, 꽃같이 고운 애기, 우리 애기, 착한 애기.

(여자, 허둥거리며 등장하는 김노인과 무대 끝에서 마주친다.
김노인, 여자가 보이지 않는 듯 그냥 지나친다. 여자의 노랫소리 점점 멀어진다.)

김노인 여보! 여보!

구 씨 (제정신이 들며 주위를 멍하니 둘러본다)….

김노인 이봐 내가 뭘 찾는다고 했어?

구 씨 뭘 말이에요?

김노인 까마귀 고기를 삶아 먹었나? 나 원 참… 가만. (화단으로 간다) 그래! 진드기?

구 씨 오늘은 참 이상한 날이네요.

김노인 건망증이 날로 심해. 큰일이야. 창고에서 한참 생각했어. 그래도 도통 모르겠더군 이런, 잎사귀를 다 뜯어버렸어.

구 씨 저런!

김노인 약을 뿌려준다니까 그단새 못 참고 이래놨어!

구 씨 내가요?

김노인 자네 말고 누가 그러겠어.

구 씨 이상한 일이네요.

김노인 생각난 김에 진드기약을 뿌려야겠어. (무대 뒤로 사라진다. 소리만) 여보! 분무기가 어딨지?

구 씨 왼쪽 선반 위에 봐요. (난간으로 간다. 사이) 찾았어요?

김노인 (다급하게) 여보! 어딨어! 어딨어! 이리 와 봐… 혼자서는 못찾겠어. 빌어먹을!

(암전.)

제 3 막

막이 오르면 2막과 같은 무대.

안채로 통하는 문이 열려 있고 문 사이로 수도가 보인다.

탁자 옆에 앉은 구씨. 대바구니에서 낡은 스웨터를 풀어 실뭉치를 감으며 관객이 알아들을 수 없을 정도로 중얼거린다.

어디선가 불타는 소리.

구 씨 완전히 글렀어. 도통 안 보여. 아무것도. 그날도 이렇게 조용했어… 천둥 치고, 번쩍 하더니, 와르르 무너지대. (사이) 쥐죽은 듯 고요하대. 참말 고요하대. (사이) 평화가 온 듯 했지… 눈 떠보니 불덩어리가 기어갔어. (사이) 내 사 몰랐지. 차마 그 아인 줄은. 내사 몰랐지. 차마 그 아 인 줄은. (여전히 실을 푼다) 울지도 않고 불에 탔어. 고통 이 뭔 줄 알았을까… 몰랐을까 (억지 미소를 지으며) 또 낳 으면 되지만…. 아이야 또 낳으면 되지만… 아이야 또 낳으면 되지만.

(왼쪽에서 분무기를 들고 김노인 등장. 장미나무에 약을 뿌린다.)

김노인 아, 이제야 깨끗해졌군. 이렇게 서너 번만 뿌리면 완전 박멸이야. (마루에 걸터 앉는다) 뭘 뜨려고?

구 씨 그냥 푸는 거예요.

김노인 그건, 못 보던 건데.

구 씨 작아요.

김노인 내 것 아냐?

구 씨 아니에요.

김노인 매년 풀었다 뜨는군. 뭘 뜰지 모르지만, 내가 알기로 그실 십 년은 넘었어.

구 씨 아니에요.

김노인 어쨌든 십 년은 넘었어.

구 씨 우리 어머니도 내가 아일 낳기 전에 뜨개질을 했어요.

김노인 하긴, 차련이가 임신했을 때 당신 뜨개질을 했지 (의심스러운 표정으로) 왜 갑자기 뜨개질을 하지?

구 씨 (대수롭지 않게) 이젠, 눈이 어두워서 코가 잘 뵈지 않아 낭패예요.

김노인 그래, 거기라도 집착을 해 봐. 십 년이든 이십 년이든 뜨개질을 하라구. 제발, 올해만은 발병하지 않도록 말야.

구 씨 (발끈해서) 자꾸 발병발병하지 말아요… 나도, 힘들어요.

김노인 (풀이 죽으며) 그런 뜻이 아니야.

구 씨 (풀다만 스웨터를 김노인에게 휙 던지며) 잡아요.

(김노인, 스웨터를 잡으며 구씨를 살핀다.)

김노인 조금 전에 당신 혼자서 뭘 중얼거렸지?

구 씨 아뇨. 아무 말도 안 했어요.

김노인 요즘 잠도 안 자던걸.

구 씨 당신이 그렇죠.

김노인 도무지 시끄러워서 잠을 잘 수 없어.

구 씨 돌이킬 수가 없어요. 지나간 시간. 어제같은데….

김노인 ….

구 씨 어떻게 살았는지. 난, 이젠… 아무 미련도 없어요.

김노인 (말을 돌린다) 도대체 뭘 뜨려는 거지?

구 씨 그냥, 아무 생각없이 푼 거예요.

김노인 이건 누구 스웨터였지?

구 씨 (실 감는 것을 갑자기 멈춘다) 이런! 실이 꼬였어요.

김노인 도로 꼬이지 않게 그냥 두라구. 내가 풀 테니. (구씨, 애써 풀려고 한다. 그러나 그럴수록 실은 더욱 꼬이게 된다) 그냥 둬! 내가, 내가 한다니까!

(구씨, 손이 떨리고 얼굴이 붉어진다. 김노인, 실타래를 낚아채고 조심조심 꼬인 부분을 풀어나간다. 구씨는 망연자실 김노인의 행동을 지켜본다.)

김노인 (풀린 부분을 감는다) 자, 보라구. 그렇게 애쓴다구 될 일인가. 마음을 한 곳에 모아야지.

구 씨 꼬인 실은 풀 수나 있지만 사람 인연은….

김노인 (실뭉치를 감으며) 이런, 먼지 좀 봐! 다음 장날 새 털실을 사다 줄게.

구 씨 당신, 달밤에 청실홍실 엮는 노인 같구려.

김노인 내가?

구 씨 그 노인 술 취해서 우릴 맺어났나봐요.

김노인 또 무슨 엉뚱한 소리야. (분무기를 들고 뜰로 내려선다) 밤새 졸리지도 않아?

(김노인, 분무기를 뿜어보다 약 떨어진 걸 확인하고 문으로 퇴장.)

구 씨 (스웨터를 들여다보며) 이걸 찾았어요. 훈이가 여덟 살 때 입던 스웨터예요. 그땐 반짝반짝 빛나는 나뭇잎 같았죠.

(무대, 대낮의 나뭇잎이 나타난다. 왼쪽 무대 뒤 커다란 그네에 앉은 여덟 살짜리 소년 훈. 훈이는 초록색 스웨터를 입고 있다.)

훈 할머니! 신작로가 보여요.

구 씨 (훈에게 다가가며) 그래? 또 뭐가 보이니?

훈 태극기. (노래하며) 태극기가 바람에 펄럭입니다. 할머니! 저기 기차가 지나가요.

구 씨 이제 그만 타거라. 아가.

(기차소리.)

훈 (손나팔로) 검둥쇠야! 어디가니?

구 씨 (그네를 잡으며) 애야, 그만. 어지럼증 난단다.

훈 (손가락으로 가리키며) 할머니 저기 호수 쪽으로 가면 서울이죠?

구씨 그래, 그래.

훈 저기 숲으로 가면 어디로 가는 거지?

구 씨 바다.

훈 바다?

구 씨 그래, 아주 넓은 바다란다. 그곳엔 싱싱한 고기들이 아주 많단다.

훈 바다 너머엔?

구 씨 바다 너머? … 거긴, 섬이 있단다. 금은보화가 가득하고, 짐승도 사람과 말을 하고 같이 논단다.

훈 정말? 그럼 호랑이도?

구 씨 그래. 호랑이는 담밸 피우고, 토끼는 방아를 찧고, 여우는 베를 짜고, 곰은 영차영차 집을 짓는단다.

훈 와!

구 씨 그곳엔 서로 죽이지도 않고 도와가며 행복하게 사는 섬이란다.

훈 할머니, 내일 가자.

구 씨 안 돼. 내일은 갈 수 없단다.

훈 왜?

구 씨 훈이가 아빠처럼 튼튼한 어른이 되면 그땐 갈 수 있지.

훈 언제 아빠처럼 되지?

구 씨 밥 많이 먹고, 할미 말 잘 들으면 되지.

훈   할머니, 나도 꿈이 생겼다.

구 씨   그래? 들어보자. 우리 손주 꿈은 뭔지.

훈   내가 어른이 되면 할머니랑 그 섬에 갈 거야.

구 씨   (훈이 머릴 쓰다듬으며) 어이구. 우리 훈이가 할미 호강시
       키겠네.

훈   할머닌 꿈이 뭐야?

구 씨   나? … 이젠 없어. 하지만, 옛날에 있었단다. 할미 꿈은,
       훈이같은 아들을 일곱 명쯤 낳는거지.

훈   (실망하며) 에이. 그게 무슨 꿈이야!

구 씨   동네 처자들 중 할미처럼 높이 그네 타는 사람은 없었단
       다… 욕심도 많았지… 하나는 법관 시키고, (훈, 간간이
       까르르 웃는다) 하나는 장군 만들고, 하나는 기술자 만들
       고, 하나는 선생 만들고, 하나는 두보같은 시인 만들
       고… 또 하나는 만석꾼 농부를 만들고….

       (난간 위의 어둠 속에서 여자의 웃음소리. 왼쪽 무대 어두워지고
       난간 쪽이 밝아진다. 작부 춘희. 흐트러진 머리카락을 손질하고 있
       다. 김노인 그쪽으로 걸어간다.)

춘 희   (짙은 화장을 한 얼굴) 소박한 꿈이로군요… 흥! 농사꾼을
       만들겠다니!

김노인   내겐, 땅이 있어. 더도 말고 농사를 지을 아들이 필요해.

춘 희   만약 계집애를 낳으면?

김노인   그럴 리가… 이번엔 틀림없이 아들을 낳을 거야. (애정에

차서) 당신은 내 마지막 소원을 들어줄 거야. (여자 앞에 무릎을 꿇고 배를 쓰다듬으며) 튼튼한 아들을 낳아줘. 그러면, 당신에게 못해줄 게 뭐 있겠어. 뭐든지 해주리다. 뭐든지….

춘 희 나한테요? 당신 마나님은 왜 더 이상 아일 낳지 못해요?

김노인 그건, 나도 모르겠어. (귀를 기울인다)

춘 희 (반사적으로 몸을 피한다) 저리 가요!

김노인 아니? 왜 그래!

춘 희 (당황한 듯) 만일 딸을 낳으면 끝장이겠군요.

김노인 농담이라도 그런 소리 마오. (여자의 무릎에 머릴 기댄다) 난, 이제 너무 지쳤어. 내년이면 벌써 환갑이야… 당신이 내 방황을 끝내줘. 내게 튼튼한 아들을. 더도 말고 튼튼한 아들을….

춘 희 (눈을 빛내며) 빚이, 있는데도요?

김노인 내가 다 해결해주지. 아니 전 재산 모두 당신 아들 거야. 내 아들. 그러나 모두 당신 것이야.

춘 희 그럼, 마나님은?

김노인 (갑자기 정신이 번쩍든 듯 고개를 든다. 사이. 자신없는 목소리로) 나 못지 않게 아들을 원하고 있어.

춘 희 (차가운 목소리로) 나, 피곤해요… 이제 그만 돌아가요.

김노인 (일어서서) 몸조리 잘 하도록 해. (망설이며) 왜 이렇게 심란한지 모르겠군.

(춘희 난간 너머로 퇴장. 그 뒤를 따라 김노인도 퇴장.

무대조명 어두워지면서 구씨가 있는 왼쪽 조명이 밝아진다.
뜨개질을 열심히 하는 구씨. 그 뒤로 임신복을 입은 차련 등장.)

차 련   엄마, 뭘 뜨시려고요?

구 씨   기다려봐라.

차 련   궁금해서 못견디겠어요.

구 씨   그앤 틀림없이 아들일 거야.

차 련   (고개를 숙이고) 전 상관없어요.

구 씨   (악착스럽게) 모든 예감이 하나하나 들어맞는 중이야. 넌
        틀림없이 아들을 낳을 거야. (차련의 배에 손을 댄다) 어쿠!
        그 녀석 힘도 장사야. 축굴 하나본대.

차 련   엄마!

구 씨   (마루에 앉히며) 여기 앉으련? 그렇게 오래 서 있지 마라.
        사과를 갖다주련?

차 련   아뇨.

구 씨   계란을 삶아주련?

차 련   (짜증스럽게) 먹고 싶으면 제가 먹을게요.

구 씨   (약간 섭섭하다) 널 주려는 게 아냐. 아일 생각해서 그러는
        거지.

차 련   아버지와 함께 병원에 가 보세요.

구 씨   넌 아들을 낳을 거야. 나도 스무 살 때 아들을 낳았으니까.

차 련   그인 딸아이도 상관없대요.

구 씨   남자들은 첨엔, 다 그렇게 얘기하는 거란다. (서성거리며)
        가난이 해결되면 아들을 원하지. 아들만이 그가 살았었

다는 걸 증명해 줄 테니까.

차 련 엄만, 바보같이 희생당하지 말아요. 아버지의 집착은 헛된 거예요. 엄만, 그걸 모르세요?

구 씨 (화제를 바꾸며) 어느새 너도 엄마가 되겠구나. (불안하게 두 손을 마주잡으며) 난 기억하고 있단다. 너가 초경을 하던 때 말이다. 그때 넌 열세 살이었지.

차 련 아카시아가 피었을 때죠.

구 씨 왜 죽으려고 했니?

차 련 수치스러웠어요. 그렇게 매달 피를 흘리며 살아야 한다는 것이….

구 씨 (미소지으며) 생명의 피를 부끄러워 말아라. 이제 곧 기쁨을 느낄 거야. (차련의 배를 쓰다듬으며) 여자인 것을 행복하게 생각할 테니까.

차 련 그렇지만, 엄마… 엄마도 자신의 행복을 찾으세요.

구 씨 (웃으며) 무슨 말을 하고 있는 거니?

차 련 아일 못 낳는 건 엄마 탓이 아니잖아요?

구 씨 (갑자기 경직된다) 아니야. 내 탓이야.

차 련 죄인처럼 굴지 마세요. 그 여자. 돈만 떼먹고 달아났대요. 임신한 것도 거짓말이었어요.

구 씨 내 탓이다.

차 련 처음부터 엄만 다 알고 있었어요!

구 씨 아니다! 아니야!

(아득하게 들려오는 북소리와 함께 점점 어두워지는 조명.

북소리 점점 고조되어 갈수록 불길에 싸이는 무대.

구씨, 귀를 막으며 몸부림친다. 이를 앙 다물고 비명을 참는다.

차련, 뒷걸음치며 난간 너머로 퇴장.

구씨, 고개를 숙인다. 갑자기 멈춘다. 천천히 손을 내린다.

새소리. 아침이 밝아오듯 조명이 밝아진다.

구씨, 마치 꿈인양 주위를 둘러본다.

천천히 일어나 안채에 있는 수도로 간다. 그곳은 햇빛으로 가득하다.

수도물 소리. 사이. 물방울 소리.

대야를 놓고 물을 들여다 보는 구씨. 밝은 물무늬가 구씨 얼굴에 비친다.

구씨, 고개를 들어 해를 본다. 천천히 손을 햇빛에 비쳐본다.

세수를 하기 위해 고개를 숙이는 구씨. 그대로 스르르 쓰러지고 그 바람에 쨍그랑 하는 소리와 함께 오래도록 뒹구는 대야소리.

여운을 끌며 대야가 멈추자 모든 소리도 멈춘다.

사이.

새소리와 함께 암전.)

제 4 막

전막과 같은 무대.

활짝 열려진 방문으로 구씨의 침실이 보인다. 난간 아래에 만개한 장미가 있다. 막이 오르면 생각에 잠겨 천천히 장미꽃을 꺾고 있는 김노인. 침실에는 구씨가 누워있다. 난간에서 150센치 정도 되는 노인, 그의 얼굴은 위풍당당한 긴 수염이 있으나 키와 조화를 이루지 못한다. 무대를 가로질러 마치 날아가듯 가볍게 구씨의 머리맡에 선다. 구씨는 죽은 듯이 누워있다.

노 인　쯧쯧! 이런 고얀 년. 빼빼 말라 비틀어진 장작같구나. 어쩔 수 없이 너도 이승에서 한만 짊어졌구나.

구 씨　(고개를 들고) 누구시오? 그렇게 모난 소리를 하는 이는?

노 인　애비도 몰라보는 호로자식!

구 씨　아버지!

노 인　그래, 이제야 알아보는구나.

구 씨　(노인을 세심히 살펴본다) 아버지 키가 왜 그렇게 줄었어요? 천정에 닿을 정도로 크셨잖아요.

노 인　죽으면 키가 작아지지. 너도 이승의 생로병사에서 벗어나게 되었다. 자. 이제 일어나거라.

구 씨   벌써 두 달째 일어나질 못해요. 오른 손발을 움직일 수 없게 되었어요.

노 인   그래도 일어날 수 있으니 일어나 봐.

(구씨 일어나 앉는다. 이때 김노인 장미꽃을 들고 가까이 다가온다. 김노인은 노인을 보지 못한다. 김노인은 병간호로 시달린 모습. 머리도 길고 수염도 덥수룩하다. 장미꽃이 든 화병을 머리맡에 놓는다.)

김노인   자네 좋아하는 꽃을 꺾어 왔어.

구 씨   참, 아름답네요. (자연스런 몸짓으로 향기를 맡으며) 향기도 진하고….

김노인   (슬픈 목소리로) 뭐라고 말해봐… 당신이 향기를 맡을 수만 있다면….

구 씨   이 붉은 잎사귀 좀 봐요. 내 손은 점점 하얘지는데 이 꽃은 붉다 못해 검네요.

노 인   시들었다 다시 피어나는 꽃처럼 너도 다시 이승에 올 테니 미련두지 말고 떠나자.

구 씨   이이는 왜 못 알아 듣죠?

노 인   점점 멀어지고 있는 거다. 미련을 떨쳐버려라.

김노인   (애타게) 내게 싸움이라도 걸어봐. 옛날처럼 잔소릴 퍼부으라구. 그렇게 바보처럼 넋놓고 있지 말고.

구 씨   정말 못 알아 듣네.

김노인 (반가운 표정으로) 뭐라고 했어. 방금 (귀를 입에 댄다) 깎아? 뭘 깎으라는 거야?

구 씨 머리카락, 당신 수염도 깎아요.

김노인 허참! 답답해. 의치를 넣어줄까? 이가 없어서 말이 자꾸 새. 도통 못 알아듣겠어.

구 씨 머.리.카.락!

김노인 음. 당신 머릴 깎아 달라고? (구씨의 머릴 만진다) 아직 괜찮은데. 그나저나 머릴 감아야 할 텐데. 곧 상필이 댁이 올 거야. 그럼 목욕을 하자구. 퀴퀴한 냄새가 나서 못 살겠어.

구 씨 걱정 말아요. 내일 일어나서 이불 빨고, 청소도 싹 할 테니까.

노 인 지금이라도 일어날 수 있지.

구 씨 (일어나며) 새처럼 가벼워진 것 같네요.

(구씨는 일어나서 무대 위를 자유롭게 걸어다닌다. 김노인은 구씨가 여전히 침실에 누워있는 것처럼 말한다.)

김노인 (망설이다가 체념한 목소리로) 병원에서 의사가 당신 머릴 잘라보재. (구씨 멈춰선다. 천천히 움직이며 귀를 기울인다) 뇌출혈이라는군. 흥! 허튼 수작이지. 십중팔구 당신은 더 고통스레 죽어갈 테지. 지금보다 더 비참하게. 중환자실에서 머릴 자른 환자가 여섯인데 모두 식물인간처럼 누워있어. 그저 목숨만 유지할 뿐이지. (변명하듯) 돈이 아까와서 수술 안 한 게 아냐. 당신이 살아난다면 내 무슨 짓을 못하겠어… 어제 당신이 집에 가고 싶다고 했을 때, 병원에서도 빨리 퇴원하래… 당신이 말했지. 자네 자던 방에 하룻밤만 자고 싶다고… (혼잣말로) 어쩌다, 어쩌다 이리 되었나. 거미 같은 몸에 태산 같은 병이 덮쳤으니 못 살아. 자넨 못살아.

구 씨   거짓말. 곧 나을 병이라 하고선….

노 인   너무 늦었어. 난 벌써 두 달이나 기다렸다. 어째서 두 달이나 더 살았는지 모르겠다만 넌 쓰러지자마자 죽을 목숨이었어.

구 씨   내게도 죽음이 온 거로군요.

노 인   이제야 아는구나.

구 씨   시간은 참말 바람같네요. 바람 빠지는 풍선같이 시간은 내게서 달아난 거로군요.

김노인   어서 일어나구려. 이 집엔 당신과 나밖에 없소. 당신이 이렇게 누워 있으면 난 아무것도 못해. 논은 아마 엉망이 되었을 거야. 약도 치지 못했거든. 내년에 정말 농살 짓지 않을 거야. (김노인은 말하는 동안 구씨와 노인은 난간으로 간다) 상필이란 놈이 걱정말래. 형님 농사까지 다 짓겠대. 그래도 그놈이 나아. 굽은 나무 선산지킨다더니… 여보. 당신 어서 낫거든 동해나 한 바퀴 돌아보자구. (말끝을 흐리며 울먹인다. 사이. 갑자기 멈칫한다. 화석처럼 굳어진다) 이봐! 분이!

(조명은 난간에 있는 노인과 구씨만을 비춘다.)

구 씨 나를 잊을 거예요. 목소리도, 원망도, 웃음도….

노 인 네 죽음을 탄식하러 사람들이 몰려드는구나.

구 씨 사나흘 애달프겠죠.

노 인 갈 길이 멀다.

구 씨 어디로 가는 거죠?

노 인 가 보면 알게 돼. 모든 것의 시작이자 종말인 곳. (구씨, 꼼짝 않는다) 왜 그러냐?

구 씨 난 안 갈래요.

노 인 어리석은 소리. 빛도 없이 캄캄한 이곳을 홀로 떠돌 생각이냐?

구 씨 (세차게 고개를 흔든다)

노 인 추위를 느낄 거다. 여전히 배고프고, 외롭겠지… 먹을 수도 입을 수도 없어. 넌 그저 작은 먼지에 불과하니까. (등을 굽히며) 자, 내 등에 업혀라. (구씨 망설인다) 어서! (구씨 업힌다) 가벼워졌구나. 새처럼, 바람처럼. 이토록 가벼워지기까지 얼마나 고통스러웠느냐. 가자. 네 영혼이 쉴 수 있는 곳으로 가자. 미련없이 가자꾸나.

(구씨와 노인 난간 너머로 사라지며 암전. 사이.
단정한 모시한복을 입고 있는 김노인. 마루에 앉아 있다.
사이. 차가 담긴 쟁반을 들고 등장하는 사십대의 차련.)

차 련 아버지 녹차예요.

김노인 고맙다.

차 련	천식에는 제일이죠. 새벽마다 따뜻한 녹차를 드세요.
김노인	그래.
차 련	식사는 꼬박꼬박 드시고요. 한 달에 두 번 내려와서 밑 반찬을 준비해 드릴 테니 거르시면 안돼요.
김노인	응.
차 련	곧, 나아질 거예요.

(사이.)

김노인	애야.
차 련	예, 아버지.
김노인	요즘 생활은 어떠니? 너와 할 말이 많았는데….
차 련	조금씩 자리잡고 있어요. 모든 게 정상으로 돌아가겠죠.
김노인	그래, 모든 게 정상이라.
차 련	제가 떠나면, 뭔가 취미를 붙여 보세요.
김노인	취미?
차 련	읍내 기원에 다녀보세요.
김노인	바둑을 배우라고?
차 련	그래요.
김노인	난 잡기는 싫다. 공연히 시간만 허비하는 걸. 차라리 논 에 가서 피를 줍겠어.
차 련	(미소를 지으며) 그럼 그렇게 하시든지요.
김노인	훈이는 어떠냐?
차 련	학원에 등록했어요. 올핸 붙을 거예요… 그애도 충격을

받았어요.

김노인 나보단 아니야.

차 련 … 자주 들릴게요.

김노인 그럴 필요 없어.

차 련 ….

김노인 멀리 안 간다. 잘 가거라.

차 련 아버지… 생각을 돌려보세요.

김노인 (단호하게) 싫다! 보란듯이 살 테다. 니 에미 약오르게 잘 살 거야!

차 련 ….

김노인 어서 가봐.

차 련 안녕히 계세요.

(차련 퇴장. 왼쪽 무대 뒤쪽으로 구씨가 앉은 그네가 내려온다. 뜨게질을 하고 있다. 사이.)

김노인 (옷을 내려다보며 갑자기 복받치는 울음을 삼킨다) 이봐, 아직 집을 안 떠났으면 들어봐. 어제 이 옷을 발견했어. 당신 이 옷장에 걸어 놓았었지. 고마우이… (관객을 향해) 내게 도 찾아올 거야. 할멈, 오래지 않아 우린 다시 만나게 되 겠지. (사이) 해 좋은 날, 조용한 손님이 찾아오듯이….

— 암전. 막

오래된 연인

등장인물

성환
지숙
미해

무대

늦가을의 해변.
작은 별장의 거실.

중앙 안쪽에 넓은 창. 창으로 넓은 바다와 해변이 보인다.

해변에는 작은 비치 의자 하나.

오른쪽 구석에 바다로 통하는 문. 그 옆에 대리석으로 조각된 여자의 나체상과 조각에 필요한 정, 망치, 그라인더, 보호용 안경 등이 담긴 나무상자가 아무렇게나 팽개쳐져 있다.

왼쪽 무대 앞쪽으로 침대용 소파, 그 뒤로 칸막이. 칸막이 뒤로는 부엌으로 객석에서는 보이지 않는다.

무대 중앙에는 탁자와 의자 서너 개가 있다.

조명은 가능한 블루. 극이 진행되는 동안 파도소리와 갈매기 소리 계속된다.

막이 오르면, 약한 빛

미해는 여행복 차림으로 비치 의자에 누워 바다를 향해 등을 돌리고 누워있다.

신발은 먼 길을 걸은 듯 흙이 묻어 있다. 간간히 아주 천천히 손가락을 움직일 뿐 꼼짝 않고 누워있다.

비치 의자와 집까지는 먼 거리

생각에 잠겨 소파에 앉은 성환

탁자 위에 카메라에 필름을 갈아넣는 지숙.

지 숙 (문득 일손을 멈추고) 어떻게 생겼어요?

성 환 그저 그렇게 생겼어. 코 하나, 눈 둘, 입 하나, 귀 둘?…
　　　세어보진 않았지만 머리카락도 꽤 많을 거야.

지 숙 (비꼬듯이) 정확한 설명이군요. 외계인이 아니라서 다행
　　　이에요. (카메라를 시험한다) 커피 마시겠어요?

성 환 아니.

지 숙 언제까지 이러고 있을 생각이죠? (작업실 쪽을 가리키며) 저것 좀 봐. 벌써 일주일이 지났어요.

성 환 참견말아.

지 숙 (옆자리에 앉으며) 화났군요. 안 그래요?

성 환 흥! 그런 자존심이라도 남았다면 좋겠군.

지 숙 자학하지 말아요. 정해진 물량만 채우면 성환 씨가 원하는 대로 프랑스로 갈 수 있잖아요? (성환의 주머니에서 담배를 꺼내 피운다)

성 환 (냉소적으로) 프랑스라!

지 숙 누구나 사라지고 싶을 때가 있죠. 필름만 뽑으면 나도 이제 작업이 끝났어요. … 전보다 잘 견디고 더구나 약 없이 잠들 수 있으니 기뻐요.

성 환 축하할 일이군.

지 숙 고마워요. (일어나 탁자로 걸어가며) 그 여자하곤 오래 떨어져 있었나요?

성 환 이제 겨우 일 년?…. 미해가 왔을 때 여긴 아주 복잡했어. 한여름이었으니까. 사람들은 계속해서 몰려오고 떠나갔지. 늘 낯선 사람들. 뭔가 즐거운 사람들. 지구가 멸망하는 순간에도 즐기는 사람들은 즐기겠지? 미해가 말하더군. 그리곤 오랜만에 웃었어.

지 숙 (탁자 앞에 앉아 슬라이드 필름을 환등기에 대고 하나하나 들여다보며) 미해? 그 여자 이름이 미해예요?

성 환 그래. 아름다운 바다란 뜻이지.

지 숙 오! (명랑함을 가장하여) 어떤 스타일이죠? … 피비 케이츠? 소피마르소? 비비안 리? 스칼렛 오하라? 라라? … 그 여자 당신의 베아뜨리첸가요?

성 환 가엾은 바구니 속의 아기지.

지 숙 (비웃듯) 오, 베이비.

성 환 날 비난하는군.

지 숙 천만에… 그러니까 바구니 속의 아가가 이리 오고 있단 말이죠? 댁이 불렀어요? 그녀를? 여기에?

성 환 그래. 내가 불렀어.

지 숙 아무래도 상관없어요. (사이) 그 여잔 성환 씨의 애인이죠? 성환씬 그 여자의 애인일 테고. 하지만 왜 하필 오늘밤에 온다는 거죠? 그동안 많은 시간이 있었을 텐데.

성 환 오늘밖에 시간이 없기 때문이겠지.

(사이.)

지 숙 당신들은 연인이죠?

성 환 오랫동안, 그랬던 것 같아.

지 숙 그랬던 것 같아가 아니라 그랬어요. 그렇지 않아요?

성 환 모르겠어… 다만, 우리가 알고 지내는 동안 시간이 흘렀을 뿐이야.

지 숙 앞으로도 시간은 흘러갈 거예요. 정확하게 사귄 지 몇 년 됐어요?

성 환 (사이) 제기랄 8년이군.

지 숙   맙소사. 우린 겨우 한 달이 지났을 뿐인데.

(사이. 파도소리에 섞인 기적소리.)

성 환   역에 도착했겠군.
지 숙   내가 떠날까요? … 계획대로 작품사진을 찍고 떠나기로
       했으니까요.
성 환   (혼자 남게 되는 생각에 당황하면서도 약간의 심술궂은 표정을
       지으며) 아니. 괜찮아.
지 숙   난, 아무래도 상관없지만…. 불편하지 않을까요?
성 환   조금. 하지만 상관없어… 버스를 기다리겠군. 바다를 보
       면서 말야.
지 숙   그녀는 그러니까 나에 대해서 알고 있나요?
성 환   모르겠어. 물어본 적이 없으니까.

(사이.)

지 숙   곧 만날 텐데… 기뻐요?
성 환   아니.
지 숙   그럼 싫은가요?
성 환   아니. 모르겠어.
지 숙   재미있을 것 같군요.
성 환   뭐가?
지 숙   게임요. 당신과 그 여자. 그 여자와 나. 그리고 당신과

나. 이런 관계 말예요. 흔히들 삼각관계라 말하죠. 삼각형이란 어떻게 보면 참 매력적이에요. 아무렇게나 엎어 놓아도 균형이 잡히거든요. (사이) 그녀에게 다른 남자친구가 있을까요?

성 환 물어본 적 없어.

지 숙 물어보고 싶지 않았겠죠.

성 환 겨울이 오면 결혼하기로 했어.

(사이.)

지 숙 (무심하게) … 그랬군요. 그렇다면 프랑스는?

성 환 모르고 있어.

지 숙 (비웃으며) 버릴 작정이었군요.

성 환 난 이런 놈이야.

지 숙 대단한 치한이고.

성 환 악당.

지 숙 예술을 빙자한.

성 환 사기꾼이지.

(침묵. 파도소리.)

지 숙 (부드러운 말로) 자학은 그만둬요… 어떤 사람이죠?

(사이.)

성 환   미해는 친구도 없는 외톨이야.

지 숙   당신도 외톨이가 아닌가요?

성 환   아니, 난 친구가 많았어. 내 친구들이 미해 친구가 되곤
했지. 그때. 우리는 함께 지냈거든. 가끔 춤을 추곤 했었
지. 그녀는 춤추는 걸 아주 좋아했어.

지 숙   (무심하게) 어떤 춤?

성 환   해방춤!

(지숙은 웃는다. 그녀의 웃음소리는 웃음 자체로 스트레스를 해소
하는 듯한 웃음이다. 약간의 조롱과 냉소를 담은 웃음. 웃음이 끝
나면 금방 무표정해진다.)

성 환   (진지하게) 사실이야.

지 숙   그 사람들, 성환 씨 친구들이겠죠?

성 환   응, 내 친구들이야.

지 숙   난 한 번도 본 적이 없어요. (사이. 슬라이드 필름을 통해 넣
는다. 갑자기) 함께 살았다구요?

성 환   응, 아주 잠시 동안만.

지 숙   난 몰랐어요.

성 환   몰랐다구?

지 숙   그런 말한 적 없잖아요. 그냥, 오래 전에 알고 지낸 막연
한….

성 환   사실이야, 우린 함께 지냈어.

지 숙   나와 지내는 것처럼?

성 환   이제 버스를 탔겠군.

지 숙   (혼란스러운 듯) 왜 진작 말해주지 않았죠?

성 환   (자기 머리를 손가락으로 두드리며) 말할 기회가 없었어.

지 숙   좋아요. 이 기회에 나도 한 번 인사를 해야겠네요.

성 환   좋은 생각이야.

지 숙   (필름 하나를 들어 불빛에 비춰보며) 그 여자, 사랑해요?

성 환   천만에. 이젠 뭐든지 불확실하군. 내가 도대체 그녀를
         사랑했던가? 그녀가 내가 알고 있던 그녀일까? 도대체
         뭘 말할 수 있지?

         (사이.)

지 숙   그럼, 날 사랑해요?

성 환   무슨 말이지?

지 숙   (장난스럽게) 날 사랑하느냐고 물었어요.

성 환   내게 그런 질문하지 마.

지 숙   떠나겠어요. (집으로 들어가서 여행용 가방에 옷가지를 집어넣
         으면서 나온다)

성 환   어떻게? 걸어서? 무리야 무리.

지 숙   (가방을 닫으며) 어디까지 가자는 거죠? 여기서 당신의 약
         혼자를 보란 말이죠? 가면을 쓰고 태연하게? 못해요! 차
         라리 떠나겠어요! (성환, 지숙의 팔을 잡는다)

성 환   정 가겠다면 붙잡진 않겠어. 하지만 여기 머물러 줘! 함
         께 있어 줘! 제발 부탁이야. 미해를, 도저히 혼자 만날

수 없어. 나는 그녀가 두려워!

지 숙 이해할 수 없군요. (호기심에 차서) 말해봐요. 뭐가 두려운
거죠?

성 환 날 숨막히게 해! 그녀 앞에서 나는 점점 더 악독해지고
치한이 되고, 더러운 벌레가 된단 말이야… 난 그녀를
감당할 자신이 없어!

지 숙 그래요?

성 환 지숙인 몰라. 때로 난 내 자신을 감당할 수 없이 미워한
단 말이야. 모든 것이 결핍된 놈이지.

지 숙 (미소 지으며) 이런 경우 자책은 아무 소용이 없어요. 더구
나 성환 씬 오랫동안 자유로운 생활을 했으니까요. 한두
번이 아니잖아요. 안 그래요? 나 말고도 어떤 여자가 내
역할을 훌륭하게 수행하고 떠났을 테니까. 성환 씬 어때
요? 그때마다 스릴을 느꼈겠죠? (사이) 원하는 게 뭐죠?
지금 상황에서 뭘 바라세요?

성 환 모르겠어. 난 그녀로부터 도망치고 싶어. (자리에서 일어
나 서성거린다)

지 숙 불안해요?

성 환 아니, 모르겠어.

(사이.)

지 숙 내가 떠날까요? 방해가 되긴 싫어요.

성 환 미해와 똑같은 말을 하는군. 늘 그랬어. 그녀는 이방인

처럼 행동했지. 어떤 질투도 승화시키더군. 마치 면류관
을 쓴 예수처럼.

지 숙   질투하는군요.

성 환   내가?

지 숙   그래요. 아님 그녀가 더 강하던가.

성 환   그만, 용기가 없는 거야. 그녀는… 그만, 그만하자구.

지 숙   성환 씨도 용기가 없는 거겠죠. 단지….

성 환   그래, 난 겁쟁이야. 세상이 무서워. 그걸 내가 극복하길
바라나? 난, 그럴 만한 의욕이 없어. 미해를 만난 후 내
게 짐지워진 거? 그래, 그녈 만난 후, 나는 무능력자가
되었지. 나도 모르는 일이야. 어떻게 그걸 설명할 수 있
겠어?

지 숙   8년이 지났어요. 도대체 그녀에 대한 감정은 뭐죠?

성 환   벗어나는 거지.

지 숙   누가 누굴?

성 환   모르겠어. 혼자가 되었을 때 늘 그녀는 그 자리에 있었
어. 그걸 어떻게 설명할까. 나는 그녀에게 돌아가고…
견딜 수 없이 방황하고 그러면 그녈 떠나고 지쳐서 돌아
오면 그녀는 여전히 그 자리에서….

지 숙   건초더미가 되었군요.

성 환   뭐라고?

지 숙   아녜요. … 그녀를 기다리겠어요. 이젠 궁금해서 못 떠
나니까요. 키는?

성 환   뭐라구?

지 숙 나보다 커요? 작아요?

성 환 모르겠어.

지 숙 난 키 작은 여자가 좋아요. 자 이제부터 나도 그녀를 기다리겠어요.

성 환 (가방을 들고) 이 가방 찢어버리겠어. (집으로 들어간다. 웃음을 터트리는 지숙)

(출렁이는 블루 조명. 물무늬가 무대 전체를 아롱거리게 한다.
파도소리. 천천히 일어나는 미해.
미해, 조명을 받으며 열심히 얘기를 하면서 탁자로 걸어오고 있다.
두 손을 마주잡고 있는데 손수건을 항상 만지작거린다.
그 행동은 오히려 그녀를 소극적인 여자로 보이게 한다.
애써 유쾌한 얼굴로 얘기하는 미해의 행동은 부자연스럽지만 쾌활하다.
미해가 이야기를 하면서 탁자로 와서 앉을 동안 지숙은 자리에서 일어나 있다.)

미 해 창밖으로 보는 바다는 왠지 동떨어진 세계 같아서… 그러니까, 바다는 바다 앞에서 보는 게… 바다에 대한 처음의 공포에 대해서 말하자면 그래요. 난 다섯 살에 바다를 처음 보았어요. 수영장하고는 비교도 안 될 만큼. 그때 난 수영을 할 생각이었죠. 바다에서. 아, 거짓말이에요. 바다란 무엇인지 어떤 것이며 왜 있는 건지 도통 관념에 없었을 때죠. 그러니까 다섯 살에는… 무슨 말인지 이해하시겠죠? (지숙, 고개를 끄덕인다) 아, 정말 만나서 반가와요. 바다에 오면 모든 것이 말끔히 씻어지는 느낌이에요. 그때, 난 다섯 살이었어요. 유치원에서 캠프를 왔을 때죠. 생전 처음 엄마와 떨어져 바닷가에서 밤을 지내야 했죠. 바다에서 말예요. 그 넓고 무시무시한 바다 … 아이들이란 원래 낯선 곳에선 한밤중에도 잠이 깨지요. 난 혼자 깨어 바다로 나갔어요. 아, 그런데 바다가 사라졌어요. 그렇게 넓고 무시무시한 바다가 소리만 으르렁거릴 뿐 흔적없이 사라져 버린 거예요. 이해하시겠어요? 바다가 없어졌어. 다섯 살짜리 여자아이들이 바다의 공포에 대해 어떤 반응을 하는지 아시겠죠? 그래요. 발작을 일으키는 거죠. 어둠 속에서 혼자… 그러나 어떤 결과가 생겼을까여? 다음날 여전히 바다는 그 자리에 있었고, 난 놀림감이 되었어요.

지 숙 어머, 가엾어라. (그들 탁자에 나란히 앉는다)

미 해 오늘 갑자기 생각났어요. 왜 그런지 모르지만….

지 숙 피곤하지 않으세요?

미 해 아뇨, 조금도 피곤하진 않아요.

지 숙 직장에 다니신다고요? 어때요?

미 해 … 지금쯤 몹시들 바쁠 거예요. 하지만, 한가할 때를 기다렸다가는 휴가도 못 받고 말아요. 그래서 억지로 삼일을 받아냈어요.

미 해 출판사라 했던가요?

지 숙 그래요. 수험서적 전문 출판사죠. 그래서 언제나 시험기

간에 쫓기면서 책을 만들어야 해요. 그것도 매해 새 책으로 말예요.

지 숙 몹시 바쁘겠네요.

미 해 사 년이 어떻게 지났는지 모를 정도니까요.

지 숙 그동안 직장을 옮기진 않으셨고요?

미 해 번거로워서요. 지금 다니는 직장이 첫 직장인데 적응하기 무척 어려웠거든요. (탁자 위를 보고) 사진을 찍으세요? (슬라이드 한 장을 들어본다)

지 숙 그건, 섬에서 찍은 거예요. … 아이들이죠.

미 해 … 정말, 부러워요. 대학을 다니면서 (부끄러워하며) … 기억나는 것은….

지 숙 뭐죠?

미 해 너무 일찍 … 성환 씰 만난 후 난 아무것도 할 생각을 못했어요. 그땐 왜 그랬는지….

지 숙 … 그랬군요.

(사이.)

미 해 … 이런 곳에 산다면 (심호흡을 한다) 영혼까지 맑아질 거예요. 정말 좋은 곳이에요.

지 숙 그곳은 어때요?

미 해 공장, 아파트… 그래요. 다른 도시랑 다를 바 없는 평범한 곳이죠.

지 숙 하지만 나는 도시가 좋아요. 생기가 넘치고, 문화적인

흡수도 맘껏 할 수 있으니까요. 전시회는 어때요? 자주 가세요?

미 해 아뇨, 거의 시간이 없어요. 하지만 가끔 토요일 오후엔 영화를 보러 가요. 그땐 미리 예매를 해 놓지 않으면 표가 없어서 못 들어갈 정도로 복잡해요. (사이. 미해의 눈길이 조각 사이에 머문다) 모델도 하세요?

지 숙 예, 때론, 그래요.

미 해 함께 작업하신다니 무척 기뻐요. 성환 씨가 도움을 많이 받을 것 같은데….

지 숙 아뇨. 그렇지도 않아요. 우린 서로 계약된 관계니까요. 정해진 물량만 만들면 그만이죠.

미 해 아쉬워요. 이런 곳에 좀 머물게 된다면 좋을 텐데…

지 숙 그래요 여긴, 좋은 곳이에요.

(사이.)

미 해 결혼은?

지 숙 아직. 생각이 없어요. 친구들은 어때요?

미 해 예?

지 숙 모두 결혼했겠죠?

미 해 그래요. 어느 날 갑자기 혼자 남았다는 사실을 알게 되었죠.

지 숙 이해해요.

미 해 예?

지 숙   이해한다고 말했어요.

미 해   예. 이해한다는 말 오랫동안 들어보지 못했어요.
(사이) 만나서 정말 반가워요.

지 숙   저도 그래요. (사이) 제가 방해가 된 건 아닌가요?

미 해   (다급하게. 약간 떨리는 목소리로) 아뇨! 그런 생각은 자신에
게 별 도움이 되지 못해요. 물론, 나도 모르는 새 방해가
되긴 했지만 말예요. 하지만 누구나 그런 경우 어떻게
해야 할지….

지 숙   어머! 이마에 땀 좀 봐. (자신의 손수건으로 닦아준다)

미 해   괜찮아요. 피곤해서 그럴 거예요.

지 숙   앉으실래요?

미 해   예. 고마워요.

(사이.)

지 숙   (담배를 권하며) 피우실래요?

미 해   아뇨. (맘이 바뀐 듯) 한 대만 주실래요? 피우겠어요.

지 숙   (불을 붙여주며) 길이 막히진 않았나요?

미 해   (처음 피운 듯 약간 콜록거린다) 아뇨… 일부러 휴일은 피했
어요. 사람도 별로 없고, 덕분에 조용한 여행이 됐어요.

지 숙   오래, 걸렸겠네요?

미 해   아침 8시에 집을 나왔으니까… 10시간 걸렸네요.

지 숙   열 시간! 어머, 그럼 몹시 피곤하겠네요.

미 해   아뇨. 전혀 그렇지 않아요. 세 번 버스를 갈아 탔는데…

전엔 그런 일이 없었는데 무척 즐겁게 왔어요.

지 숙   정말, 지루했겠어요.

미 해   예전엔… 무척 지루했어요. 혼자서 먼 길을 갈 때는… 더구나 누굴 만나러 갈 때는 왜 그리 조급한지 화장실도 안 가고 참는 거예요. (안절부절) 그럴 필요 없는데 말이죠. 그런데 이번엔 달랐어요. 제천서 누군가 내 옆자리에 앉아서 내게 말을 걸었어요. … 전, 대답만 하고 가만히 있었는데 그 사람이 묻지도 않은 얘길 막 하는 거예요. (미소 지으며) 자긴 여행이 취미라서 전국을 다 돌아다녔다나요. 지금은 단양에 가는 길인데, 거기 공무원이라고 했어요. 키가 아주 조그만 남잔데 아이같이 명랑했어요. 저도 덩달아 기분이 좋아졌어요. 그 사람은 여행을 가면 꼭 한 사람씩 사람을 사귄대요. 그래서 전국에 골고루 퍼져 있대요. 아는 사람이… 정말, 많은 사람이었어요. … 아가씨와 편지를 하고 싶어요, 하고 그가 말하더군요…. 이해하실지 모르지만 난 주소를 적어 주었어요. 예전같으면 생각도 못할 일인데 말이죠… 그는 단양에서 내리더니 빵과 우유를 사서 창문으로 던져 주었어요. 차가 막 떠나려는데 말이죠…. 이해하시겠어요? 그도 외로웠던 거예요. 단지 그는 삶을 지루하게 안 사는 방법을 알았던 거고요.

지 숙   그랬군요.

(사이.)

미 해	저…. 물어 볼 말이 있어요. 성환 씨와 계약된 관계라는 ….
지 숙	무슨 말이죠?
미 해	성환 씬 먼 친척이라고 말했어요. 전, 그렇게 알고 있어서… 혹시 제가 실수를 한 건 아닌지….
지 숙	실수라뇨?
미 해	아니에요. 아무것도 아니에요.
지 숙	(눈치를 챈 듯) 무슨 밀인지 알겠군요…. 그러니까 성환 씨가 우리 관계에 대해서 말하지 않았나 보군요.
미 해	우리? … 우리라고 했나요?
지 숙	그래요. 미해 씨와 나 성환 씨.

(그들은 서로 어색하게 쳐다본다.

지숙, 웃음을 터트리지만 미해의 얼굴은 점점 굳어진다.)

미 해	전, 결벽증이 심해요.
지 숙	나도 마찬가지예요. (사이) 그는 모델이 필요했죠…. 난, 치료가 필요했고요. 됐나요?
미 해	어디 아프세요?
지 숙	… 심하게 다쳤죠. (담배를 비벼 끄며) 하지만 죽지 않았으니 다행이잖아요. 그래요. 사람이 살 수 없는 상황이란 딱 세 가지예요. 공기. 물. 식량.

(미해, 미소 짓는다.)

지 숙 (관객을 향해) 어머! 해가 지고 있어요…. 노을은, 더구나 바다의 노을은 너무 아름다워요.

미 해 (담배를 비벼 끄고 점점 초조해진다. 손을 마주 잡고 안간힘을 쓰고 있다)

지 숙 이런 세상을 두고 죽다뇨. 말도 안 돼요. (돌아서서) 안 그래요?

미 해 네?

지 숙 자살하는 사람들 말예요. 버지니아 울프라고 아시죠? 소녀 적엔 그 여자가 누군지도 모르면서 좋아했어요. '바다로 간 목마'라는 시에 한 잔의 술을 마시고 우리는 버지니아 울프의 생애에 대해서 어쩌구 저쩌구 하는 구절이 있죠…. 그 버지니아 울프가 오랫동안 정신병에 시달린 소설가였다는 건 나중에 알았죠. 결국, 그녀는 호수를 향해 걸어가면서 조약돌을 하나하나 주웠어요. 주렁주렁 달린 주머니에 조약돌을 가득 채워서… 물에 빠졌어요.

미 해 그녀는 분명 누군가 죽이고 싶었을 거예요.

지 숙 어째서요?

미 해 아, 아뇨 그냥, 그렇게 생각했어요.

지 숙 그럼, 그녀는 누굴 죽이고 싶었을까요?

미 해 목이 말라요. (지숙, 컵에 물을 따라준다. 단숨에 마시는 미해)

지 숙 피곤해 보여요. 좀 쉬시겠어요?

미 해 아니에요. 전, 오늘 밤새도록 잠을 자고 싶지 않아요.

지 숙 하지만 피곤할 텐데요.

미 해　괜찮아요. 어쩔 땐 삼 일 밤을 한숨도 자지 않을 때도 있었어요.

지 숙　그럼, 낮에 잠을 자나요?

미 해　아뇨. 낮에도 안 자요.

지 숙　그래도 괜찮아요?

미 해　예, 조금 피곤하긴 하지만… 정신은 더 말짱해지고…
　　　(다시 손을 마주 잡고 어쩔줄을 모른다) 일 초가 일 년처럼 길
　　　게 느껴지고 지루해서 미칠 지경이 되죠.

지 숙　불면증이군요.

미 해　네, 그럼요.

지 숙　어째서 그러죠?

미 해　모르겠어요. 자꾸만 누군가를 죽인 것 같아서… 정말이
　　　에요. 난 아무도 죽이지 않았어요. 정말 아무도 안 죽였
　　　어요…. 그게 사실일까? 정말 난 누굴 죽였는데 생각이
　　　안 나는 거예요. (손을 마주 잡고 초조해 하는 미해. 지숙, 다가
　　　와 물을 따라준다) 고마워요….

지 숙　누굴, 죽이고 싶었나요?

미 해　… 모르겠어요. 아뇨, 여러 번 있었을 거예요. 하지만,
　　　정말 누굴 죽인 것 같아요. 마치 살인을 하고도 아무렇
　　　지 않게 살아가는 거 말예요. 그래서 잠을 잘 수 없었어
　　　요. 꿈속에서도 체포될 것 같은 생각 때문에… 누군가를
　　　꼭 죽인 것만 같은….

지 숙　아, 그럴 때도 있겠죠. 상상이 풍부해서 그럴 거예요.

미 해　상상?

지 숙 그래요. 제가 보기엔… 정말, 누굴 죽였나요?

미 해 ….

지 숙 (어색하게 미소를 지으며) 그러고보니 저도 꼭 누군가를 죽인 것 같군요.

미 해 상상이 풍부하면….

지 숙 그래요. 상상이 풍부하면… 그러니 때론 무감각하세요.

미 해 어쩌면… 상상일까요?

지 숙 성환 씨도 그럴 때가 있죠. 미해 씨 만큼이나 비약이 심할 때가….

미 해 성환 씨라 했나요?

지 숙 네?

미 해 아, 아니에요… 성환 씨를 너무 잘 아네요.

지 숙 아, 예… (다시 창밖으로 눈길을 보낸다) (사이. 걸어가며) 오늘 바다는 참 이상하네요. 바람도 없고, 파도도 치지 않아요. 어쩔 땐 괴물이 숨어있는 건 아닐까 생각해요. 바다 속에 거대한 괴물이… 이렇게 조용한 날, 몰래 훔쳐보는 건 아닐까….

(사이.)

지 숙 … 우린 바다를 견뎌야 했어요. 혼자서… 함께 있어도 말예요… 서로를 도와줄 수가 없는 거죠… 이해하시겠어요?

미 해 ….

지 숙 … 단지 위안이었어요. 오해하지 말았으면 좋겠어요…
우린….

미 해 말하지 마세요… 전화를 하면 낯선 여자의 목소리가 들
리죠. 그럼, 전화를 끊곤 했죠. 하지만, 모든 게 정리된
줄 알았어요… 언제나 그랬으니까요.

지 숙 그럼, 한밤에 말없이 끊긴 전화는….

미 해 제가 했어요…. 정말, 웃기는군요…. (서성거리며) 이런 상
황이 되리라곤 상상도 못했죠… 이렇게 직접 부딪치리
라곤… 정말, 어떻게 생각할지 모르지만… 난 한 번도
성환 씨가 사귄 여자들을 만난 적이 없어요.

지 숙 이런 상황, 저도 자주 있진 않아요.

미 해 불쾌하게 생각진 마세요.

지 숙 전, 아무렇지도 않아요.

미 해 (사이) 담배 한 대 더 주시겠어요?

(사이.)

지 숙 미해 씨… 이런 말, 하긴 뭣하지만 어째서 오랫동안 성
환 씨에게 매달려 있죠?

미 해 매달려 있다고요?

지 숙 그래요. 내가 보기엔 그렇게 보여요.

미 해 (떨린다) 성환 씨가 그러던가요? 내가 매달려 있다고?

지 숙 아, 제가 잘못했어요. 그건 내가 쓴 표현이에요.

미 해 오늘 떠날 거예요.

지 숙 하지만 그가 부르면… 또 올 테죠.

미 해 무슨 말을 하려는 거죠?

지 숙 오해하지 마세요. 절 어떻게 생각하시든 상관없어요. 저도 한때 그런 일을 겪은 적이 있어요. 문제는 두려움이 있어요. 전 포기할 수 없었어요. 그는 내가 처음 사귄 남자였으며 바로 그것 때문에 그를 벗어날 수 없었던 거예요… 그때 내 꿈은 철저한 현모양처가 되는 거죠. 하지만 난 사랑에 실패했어요. 세상이 모두 날 거부하는 것 같았어요. 모든 걸 포기하고 말았어요. 아무 남자나 사귀면서… 참, 웃기는 일이었지만 탁구를 치는 것처럼 전혀 죄책감을 느끼지 않았어요.

미 해 (충격에 잠시 멍한 표정) 그럼, 성환 씨를 사랑하지 않으세요?

지 숙 사랑이라고요?

미 해 그래요.

지 숙 글쎄요. 사랑한다고 느끼면서 사랑하진 않았어요. 어쩌면 사랑하지 않으면서도 사랑하는지도 모르죠. (미해, 잠시 충격 속에 멍하니 앉아 있다) 전, 여기가 좋아요. 아직 성환 씨를 떠날 마음 또한 없어요. 굳이 미해 씨와 갈라 놓겠다는 마음도 없고요. 자신이 선택하는 거라고 생각해요. (사이) 문제는 시간에 있는 거죠.

(침묵. 성환, 포도주를 가져 온다. 미해와 지숙에게 나눠주고 자기 잔을 가지고 의자에 앉는다.)

성　환　(이미 술에 취해 있다) 창고문을 열었지. 그런데 말야. 그 빌어먹을 개가 포도주를 마시고 있는 거야. 잔뜩 취해서 눈이 벌겋더군. 내가 다가가도 안하무인이야. 대체 어떻게 들어왔지? 요즘, 떠돌이 개들도 없는데 말야. 용케 보신탕집에 잡혀가지도 않았나봐. 허 참, 밤에만 몰래 들어와 잔다는 걸 몰랐어. 그래 쫓아내려고 보니 새끼를 뱄어… 진돗개같이 생긴 똥개가 말야. (두 여자 그의 얘기에 귀를 기울이지 않고 있다) 왜들 그러지? 말 좀 해봐.

미　해　(단숨에 술을 마신다) 정말 좋은 포도주예요.

(지숙, 미해의 잔에 술을 따르려 하면 성환 말린다.)

성　환　취하면 책임져.

미　해　(술병을 빼앗아 자신의 잔에 따른다) 나는 내가 책임져요.

성　환　어? 제법인데.

미　해　(가장된 명랑함으로) 자. 우리 건배해요.

지　숙　행복한 휴가를 위해!

성　환　좋아. 건배.

(그들 함께 술을 마신다.)

미　해　일 년 동안 휴가만을 기다렸어요. 그런데 오늘이 바로 그날이군요.

성　환　그래, 휴가란 즐거운 거야.

미 해 별것도 아닌데… 무척이나 기다렸죠.

지 숙 기대에 어긋났나요?

미 해 아뇨. 오히려 즐거워요.

지 숙 다행이에요. 제가 칵테일을 만들어 드릴까요? (안주머니에서 위스키병을 꺼낸다. 빈 잔에 따른다) 위스키 한 방울에 절망과 배반을 섞어 마시면 허무에 취하죠. 여기에 (포도주를 따른다) 포도주를 따르면 그 허무는 달콤한 애수로 변한답니다.

성 환 잘들 노는군.

(미해와 지숙 건배한다. 미해 단숨에 마신다.)

지 숙 한꺼번에 마시면 취해요.

성 환 정말, 좋은 휴가가 될 거야. 그 똥개를 보라구. 술에 잔뜩 취했다니까. 오늘이 축젠 줄은 아는 모양이지?

미 해 (사이) 이렇게 바다를 보니… 무서워요.

성 환 무서워 할 필요 없어.

미 해 (약간씩 취기가 오른다) 어느날 지하철을 기다릴 때 안전선 밖으로 물러나라는 방송이 들렸는데도 난… 자꾸, 다가가는 거예요. 검은 레일 위에 내 얼굴이 떨어지고 분수처럼 피가 솟고….

지 숙 끔찍해요.

성 환 그래, 그건 너무하군. (미해가 말하는 동안 존다)

미 해 다시, 또 그런 상상을 하죠. 누군가 잠을 자라더군요. 잠이 부족해서 그런 거라고. 그래서 잠을 잤죠. 지하 방에서, 그래요. 내 방은 지하였어요…. 그런데, 일요일 같은 날 말예요. 그래요. 일요일은 하루 종일 잠을 자죠. 직장을 다니는 사람들 대부분이 그럴 걸요. 일요일에 잠을 충분히 자 두지 않으면 일주일 내내 피곤해요.… 그런데… 나는 계속 잠을 잤어요. 더 이상 일어날 힘도 없이 말예요. 회사에서 전화가 왔죠. 왜 출근을 안 하느냐는 거죠. 세상에 난 월요일 저녁까지 잔 거예요. 그러니까 토요일 오후부터 월요일 저녁까지!

지 숙 이틀 동안?

미 해 그런데 참 이상했어요. 이틀 동안 동네가 바뀐 거예요. 골목이 바뀌고 집 두 채가 무너지고 새집이 지어져 있었어요. 버스값이 오르고, 소련이 망하고, 지구 어디선가 전쟁이 났다는 거예요.

지 숙 정말 웃기는 군요.

미 해 그래요. 정말 웃겼어요. 내가 없어도 세상 참 잘 돌아갔으니까요. (지숙과 미해 마주 보고 웃는다) 그래서 전 억울했어요.

지 숙 나라도 억울하겠어요.

미 해 그날, 제가 뭘 했는지 아세요?

지 숙 뭘 했어요?

미 해 사표를 냈어요.

지 숙 어머!

미 해 이유를 말하라는 거예요. 자고 일어나 보니 나 없어도 세상이 잘 돌아가더라. 그래서 사표를 쓴다… 그렇게 말할 순 없었어요. 그래 몸이 아프다고 했죠.

지 숙 그래서요?

미 해 한 번 더 생각해 보라는 거예요…. 그러면서 휴가를 주더군요. (사이. 성환 자고 있었으나 얘기는 듣고 있었다)

성 환 오호! 그러니까 마지막 휴가군.

지 숙 지금은 생각이 달라졌나요?

미 해 모르겠어요. 생각을 해봐야겠어요.

성 환 생각하나 마나야. 넌 다시 다니게 될 걸. 그러니까 복잡하게 생각 말아. 얌전하게 다니란 말야. 어디 다른 데 가서 적응하느라 끙끙 앓지 말고. 안 그래?

미 해 명령하지 말아요.

성 환 충고했을 뿐이야.

미 해 나보고 이래라 저래라 하지 말아요!

성 한 내가 그랬나? 헌데 왜 그렇게 화를 내지?

미 해 (초조하게 두 손을 만지작거리며) 사사건건 날 무시하잖아요. 성환 씬 내가 거기밖에 있을 곳이 없다고 생각하는 거예요. 내가 무능하니까. 거기서, 시간을 보내라는 거야!

성 환 또 시작이군.

지 숙 흥분하지 말아요. 침착하세요.

미 해 흥! 나보고 침착하라고요?

지 숙 그래요. 보기 안 좋아요.

미 해 상관 말아요. 날 내버려둬요. (비틀거리며 걷는 미해) 산책하고 오겠어요.

성 환   어두워 오는데.

지 숙   그래요. 길을 잃을 수도 있어요. 해변에 쳐진 철조망 보
        셨죠?

미 해   신경쓰지 말아요.

지 숙   철조망을 함부로 넘을 수는 없어요. 만약 그렇게 된다면
        총살되고 말아요. 아시죠? 두 분 밀린 얘기를 나누세요.

미 해   내가 가겠어요. (비틀거린다)

지 숙   (미해를 부축해 의자에 앉힌다) 거봐요. 취했어요. 전 바다를
        찍고 오겠어요. (카메라를 들고 퇴장)

        (두 사람 침묵. 짙은 블루. 파도소리도 잠잠한 적막 속에서 미해는
        빈 포도주 잔을 꼭 쥐고 있다. 성환은 담배를 꺼내 불을 켜려 하
        지만 성냥이 없다. 담배를 주머니에 도로 집어 넣는다.)

미 해   내가 오지 말아야 할 곳에 왔나봐요.

성 환   잘 왔어. 멀긴 하지만 여긴 좋은 곳이야.

미 해   너무 고요해요.

성 환   (사이) 오랜만이야.

        (사이.)

미 해   어떤 관계일까?

성 환   쓸데없는 생각이야.

미 해   쓸데없는 생각? 그래요. 난 너무 오랜 시간 그런 생각에

시들었어요.

성 환 이제 어쩔 셈이지?

미 해 (침착하다. 극도의 평온함으로) 나에겐 시간이 얼마나 지루한지 몰라요.

성 환 나도 그래.

미 해 다음 차 몇 시에 있죠?

성 환 없어.

미 해 그럼 택시라도 불러야겠네요.

성 환 (아무렇지도 않게) 가볍게 생각해. 무거움에 눌리면 질식한다구.

미 해 전화 어디 있죠?

성 환 (손가락으로 집안을 가리킨다) 굳이 전화 안 해도 돼. 막차가 있으니까. 정 가겠다면 그 차를 타.

(미해, 멈춰 선다. 천천히 제자리로 돌아오며 혼자 중얼거린다.)

미 해 그렇게 애쓰지 말아요. 방해하지 않을게요. 하지만 시간이 얼마나 지루한지 몰라요. 또 얼마나 먼 길을 가야 하죠?

성 환 바다 소릴 들어 봐. 모처럼 휴가를 망치지 말고.

미 해 지루해! … 아, 지루해!

성 환 우리 서로 미워할 필요 없이, 그러니까 그저 시간이 나면 만나고… (사이) 욕을 해도 좋아.

미 해 막차를 타겠어요.

성 환 뭐든 영원한 건 없어. (파도소리가 섞인 음악이 흘러나온다)

(침묵. 왼쪽에서 천천히 등장하는 지숙. 열심히 빈 비치 의자를 찍는다. 빙글빙글 돌면서. 미해와 성환. 그런 모습을 막연히 쳐다 본다. 지숙, 갑자기 행동을 멈춘다. 천천히 등을 보이면서 비치 의자에 앉는다. 그리고 일정한 곳에 카메라를 고정시킨다.
지숙, 미해처럼 천천히 비치 의자에 눕는다. 그리고 꼼짝 않는다.)

미 해 가겠어요.

성 환 … 우리 바다나 산책할까?

미 해 (시계를 보며) 난 떠나야 해요.

성 환 그럼, 떠나기 전에 한 번 바다를 구경하지.

미 해 … 좋아요.

(그들, 꼼짝 않고 서 있다.
파도소리와 음악소리 요란하게 들리면, 지숙 카메라 후레쉬를 터트린다.
블루 조명 잔잔한 물무늬와 함께 움직인다.)

— 암전. 막.

황토산

등장인물

제1막

억새가 바람에 흔들리는 스산한 바람소리가 들린다. 늦가을의 조금은 쌀쌀한 바람이다. 이윽고 막이 오르면, 오래된 한옥과 그 한옥을 둘러싼 황량한 황토산과 그 아래의 억새풀이 보인다. 붉은 석양이 하늘을 물들이고 집과 무대 앞부분은 푸르스름한 어둠이 깃들어 끊이지 않았으나 지금은 아무도 찾아오는 사람 없는 쓸쓸한 집의 모양이 확실해진다.

무대 뒷면의 지붕과 기둥은 선으로 되어 있고 그 선의 아래위로 황토산이 보인다. 대청마루는 양식으로 개조해서 거실로 꾸며 놓았다. 무대 뒷면의 유리문으로 억새풀과 장독대와 산이 보이고 왼쪽으로 한지를 바른 미닫이문이 있고 그 옆의 벽면에는 다섯 칸짜리 책상이 두 개 있다. 책꽂이에는 오래된 책들이 먼지를 뒤집어쓴 채 꽂혀 있다. 오래된 잡지책, 심훈의 〈상록수〉, 〈새농민〉 잡지, 가축사육법과 가정법률과 가정의학에 관한 책과 한문으로 된 오래된 책도 꽂혀 있다. 이 집의 식구들이 보아 온 책이란 책은 모조리 꽂혀 있다. 책꽂이 위에는 제법 소질이 보이는 고등학생 수준의 정물화가 걸려 있다. 오른쪽에는 무대 중앙에서 왼쪽으로 소파와 탁자가 위세 당당하게 놓여 있고 탁자 위에는 전화 한 대가 있다.

왼쪽 벽면으로 커다란 괘종시계가 12시를 가리킨 채 멈춰 있다.

막이 오르면, 오른쪽에서 뚱뚱하고 덩치가 큰 남옥이 목장갑을 벗으며 들어온다. 얼굴은 땀에 젖어 있고 걷어 붙인 팔뚝은 근육으로 단단하다. 둥근 얼굴에 굳게 다문 입술이 순박하면서도 고집스럽게 보인다. 옷차림은 들에서 일하고 온 듯 작업복 차림이다. 그녀는 벗은 장갑을 뒤주 위에 얹어 놓고 소파에 털썩 앉는다. 피곤한듯 고개를 뒤로 젖히고 어깨를 한쪽 팔로 두드린다.

아버지 (방 안에서 노쇠한 목소리로) 누구요?

남 옥 저예요.

아버지 아직 소식 없냐?

남 옥 (시계를 보며) 여덟 시에 도착한다고 했어요. (혼잣말로) 제기랄 고장이 났군. 이젠 모든 것이 고물이 되었어. (방쪽으로 시선을 돌린 뒤) 언니들은 무슨 일로 다 부르셨어요, 아버지.

(사이.)

남 옥 동네에서 뭐라는 줄 아세요? 나도 이젠 더 이상 못참겠어요. 아버진 내가 황소나 되는 것처럼 생각하시죠? 맨날 일만 하고 죽이나 먹는 황소 말예요. 오늘도 저 황토산에서 커다란 돌덩이를 하나 파냈죠. 황소처럼 땀을 뻘뻘 흘리면서 말예요. 그러니까 동네 사람들이 뭐라는 줄 아세요? (무뚝뚝하게) 이봐, 노처녀. 이젠 그렇게 일할 필요없어. 온천이 펑펑 쏟아져 나오는데 웬 고생을 사서 해. 이젠 모양도 내라구. 시집을 가야지, 하고 말하더군요.

아버지 (방 안에서 나온다. 온갖 풍상을 겪은 것 같으나 그것이 오히려 그의 인상을 부드럽게 변화시켜 놓았다. 쇠약한 얼굴에 비해 목소리는 꿋꿋하다) 그래 누구 못 가게 했냐? 지금이라도 가면 되지.

남 옥 언니들처럼 일만 시키지 않았어도 제 팔목은 더 가늘어졌을 거라구요.

아버지 그랬겠지.

남 옥 정옥이처럼 아버진 대학도 보내주지 않았어요. 아니 언니들처럼 고등학교도 못 갔어요.

아버지 넌 공부에 흥미가 없었어.

남 옥 (기가 꺾이며) 허지만 체육선수로 뽑혔었잖아요. 달리기도 절 따라올 애가 없었고 더구나 배구를 할 때 내 서브는 아무도 받아치지 못했어요. (갑자기 즐거운 미소를 지으며) 공이 아니라 대포였거든요. 하하하. (호탕하게 웃는 남옥. 무표정한 아버지의 표정을 살피고는 웃음을 멈춘다. 사이) 무슨 걱정 있으세요?

아버지 (생각에 골몰하다) 네 동생 정옥이는 어떻게 됐느냐?

남 옥 (바깥에 신경이 쓰이는 듯 작은 목소리로) 아까 낮에 베레모를 쓴 남자가 우리집을 기웃거리던데요.

아버지 (주위를 둘러보며) 정옥이 신문에 난 거 어디 있냐?

남 옥 (신문을 찾으며) 신문 광고로 딸을 찾다니 부처님이 배꼽 빠질 걸.

아버지 그 신문 좀 가져와.

남 옥 (신문을 책꽂이에서 꺼내며) 예 됐어요. (펼쳐 읽는다) 예쁜아, 급히 귀가 바란다. 부친 위독. 이렇게 적어 놓는다고 해서 그들이 눈치를 못 챌 것 같아요?

아버지 (신문을 받아 들고) 그앤 신문에 광고를 내라고 했다. 나를 보듯이 신문을 보겠지…. 그럼, 분명히 올 거다.

남 옥 도대체 무슨 일이죠? 언니들은 이 집에 얼씬도 못하게 했잖아요. 큰언닌 오 년 동안 집에 돌아오지 않았고 둘째 언니도 (손가락을 꼽아 본다) 사 년째예요. 언니들은 아버지가 노망하셨는 줄 알 거예요. 아니면 정말 생명이 위급하거나.

아버지 (갑자기 괴로운듯) 그럴 테지… 지나온 삶이 한순간 악몽 같구나. 결국 난 뿌리 없는 나무처럼 쓰러지겠지… 늙게 되면, 너도 나처럼 의지할 데 없는 늙은이가 되면, 든든한 아들을 절실히 원하게 될 거다.

남 옥 (혼잣말로) 또 아들 타령이군. 언니들은… (뒷산을 바라보며) 시체가 우글거렸던 저 황무지에서 온천이 솟아난다면 기절할 걸요. 그리고 고양이 눈처럼 반짝반짝 빛을 내겠지요. (단호하게) 그러나 아버지, 저 산을 팔아서는 안 돼요. 아시겠어요? (회상하는 듯) 아버진 제가 걸어다닐 때부터 저 산에서 돌멩이를 주워내게 했어요. 어떤 날은 해골이 돌멩이 대신 나왔죠. 무서운 꿈에 시달렸지만 아버진 절 한시도 놀게 하지 않았어요.

아버지 그랬지.

남 옥 그런데 갑자기 무슨 일이죠? (뭔가 생각난 듯) 혹, 저에게 뭔가 숨기고 계신 것 아녜요?

아버지 (움찔하며) 숨기다니?

남 옥 병원에 다녀오신 뒤로 이상해지셨어요. 아버진 단순한 위통이라고 하셨지만….

아버지 넌 내가 무슨 암이라도 걸리길 바란단 말이냐?

남 옥 아뇨. 무슨 말을 그렇게 하세요.

아버지 내 나이 이제 칠십이 멀지 않았다. 아버님은 일흔이 되던 겨울에 돌아가셨지. 아주 혹독한 추위였어… (의자에 앉아 생각에 잠기다가 문득) 지금 몇 시냐?

남 옥 (시계를 보고) 고장났지 뭐예요. 아마 일곱 시쯤 되었을 거예요. 아버진 오래 사실 거예요. (오른쪽으로 나가며) 저녁 차릴게요.

(조명이 보라색으로 천천히 어두워진다. 이때 먼 곳에서 기적소리 들린다. 그는 아련한 추억이 잠기는 듯 눈을 감는다. 얼마간 그렇게 있던 그는 갑자기 가슴을 움켜 잡는다. 그는 점점 다가오는 고통에 얼굴이 일그러진다. 무대 완전히 어두워지면서 새떼들의 날개짓소리. 사이. 무대 어둠에 익숙해지면 전화벨이 울린다. 남자같은 잠옷을 입은 남옥. 수화기를 든다.)

남 옥 여보세요? 큰언니 어디야?… 아버진 주무셔. 그럼, 아버지가 얼마나 기다리신다구… 둘째 언니? 아직 연락 없어… 물론 연락은 했지… 그래 언니 빨리 와. 기다릴게.

(수화기를 놓고 오른쪽 방문 앞에서 귀를 기울인다. 발뒤꿈치를 들고 뒤뚱거리며 왼쪽으로 퇴장한다. 딸그락거리는 그릇소리와 수돗물소리가 들린다. 부엌에서 흘러나오는 은은한 불빛. 이리저리 오가는 그림자… 이윽고 자동차 소리가 들리더니 문 앞에서 멈추는 소리가 난다. 이윽고 다시 떠나는 차소리. 왼쪽에서 들어오는 삼십대 후반의 여자. 이 집의 큰딸 여옥이다. 작고 여린 몸집에 고생을 한 듯한 얼굴이다. 귀티나는 얼굴이나 결혼과 함께 고난의 길을 걷는 가련한 여자이다. 바바리를 입은 그녀는 한 손에 과일바구니와 선물상자를 들고 있다. 그녀는 주의를 한 번 둘러 본 뒤 조심스럽게 소파에 앉는다.)

여 옥 (혼잣말로) 여전히 썰렁한 분위기야. 몇 년만에 돌아왔는데도….

(이때 방에서 나오는 아버지. 파자마 바람이다.)

여 옥 (벌떡 일어나며) 아버지.
아버지 여옥이구나.
여 옥 무슨 일이세요. 정옥이한테서 전화 받고 얼마나 놀랐는지 몰라요.
아버지 놀라기는… 그래 넌 왜 혼자 왔느냐?

여 옥 (기뻐하며) 소희가 할아버지 보고싶다는 걸 억지로 떼어 놓고 왔어요. 그앤 (갑자기 우울해지며) 수술을 해야 해요. 엄청나게 비싼 수술을 말예요. 아버지 제가 돈이 어디 있어서 심장수술을 하겠어요.

아버지 그 쥐어짜는 소리는 여전하구나.

여 옥 아버지도 여전하시군요!

(사이.)

여 옥 (누그러지며) 많이 늙으셨군요.

아버지 너희들이 떠난 뒤 난 아무 일도 못했다. 이거나마 온전한 건 남옥이 때문이다. 너희들은 이곳을 떠났지만 그앤 떠나지 않았지.

여 옥 한시도 아버지와 이곳을 잊은 적은 없어요. 잊으려고 했죠. 필사적으로 말예요…. 폭풍이 몰려오는 여름이면 더욱 그랬죠. 어머니의 죽음이….

아버지 (말을 가로막으며) 그만, 그만해. 넌 이걸 알아야 해. 지난 일은 다 소용이 없다는 것을 말이다. 후회해 봤자 지금은 도움이 안 돼.

여 옥 어디 많이 편찮으세요?

아버지 아니다.

여 옥 그럼 무슨 일이죠?

아버지 (어색하게) 늙은 거지.

여 옥 아니에요. 아버진 뭔가 숨기고 계세요…. 제게 말씀해

보세요.

아버지 (말을 돌리며) 소흰 지금 몇 살이냐?

여 옥 일곱 살예요. 피아노를 아주 잘 쳐요. 피아노 선생님 말씀이 소흰 심장수술만 받는다면 유명한 피아니스트가 될 수 있대요. (문득, 벽에 걸린 그림을 쳐다본다) 아버지! 내 그림이 아직도 (일어나서 가까이 다가간다) … 제가 그림을 계속 그렸다면 성공할 수 있었을까요? 아, 이제야 알 것 같군요. 소희에게 그토록 매달렸던 제 자신을 말예요. 사라진 꿈, 황혼처럼 남아 가슴에 불을 지르던 갈증이 무엇인지 이제야 알 것 같군요. 그림을 그렸다면 아, 그땐 아무도 없었어요. 제 곁엔 아무도….

(이때 왼쪽에서 등장하는 남옥.)

남 옥 큰언니!

여 옥 아니 얘가 정말 남옥이에요? (얼싸안는 두 자매) 길에서 만나면 서로 모르겠구나. (손을 잡고는) 어쩜 처녀 손이… 고생이 많았구나.

남 옥 소흰 많이 컸겠지?

여 옥 그렇단다.

남 옥 근데 왜 이렇게 늦었어. 오후에 온다고 했잖아.

여 옥 연착이었어. 네 시간이면 도착할 곳을 여섯 시간이나 걸렸지 뭐니. 기차에서 내리니까 벌써 버스가 끊겼더구나. 그래서 택시를 타고 왔다.

남 옥 *(흥분하며)* 노란 택시?

여 옥 어두워서 모르겠어. 노란 건지 파란 건지. 그건 왜?

남 옥 *(어색하게)* 아냐. 저녁은?

여 옥 먹었어. 기차 안에서 우동을 사먹었지. *(아버지를 돌아보며)* 기억나세요? 동해바다로 그림대회 갔던 때를요. 그때처럼 우동을 먹었는데 그 맛을 지금도 잊을 수가 없거든요.

아버지 난 기억에 없구나.

여 옥 아버진 대회장까지 들어오셔서 바다를 더 넓게 그리라고 말씀하셨죠. 그때 경포대의 사생대회에 아버지가 따라온 학생은 나밖에 없었을 거예요.

남 옥 맞아. 언닌 그림을 잘 그렸어. 난 언제나 그걸 자랑하고 다녔어. 둘째 언닌 학교에서 제일 예뻤고 정옥인 시험만 치면 늘 일등이었어.

여 옥 *(고개를 끄덕이며)* 모두 본 지도 오래됐구나. 근데 막내는?

남 옥 *(아버지 쪽을 바라보고는)* 모르겠어. 아버진 신문에다가….

아버지 피곤할 테니 쉬어라. *(오른쪽으로 퇴장한다)*

(사이.)

여 옥 그래, 얘기해 봐.

남 옥 광고를 냈어.

여 옥 광고를?

남 옥 *(귓속말로)* 쫓기고 있어.

여 옥 왜? 그애가 무슨 죄를 저질렀는데?

남 옥 데모를 했어.

여 옥 막내가?

남 옥 그래, 언니. 공장에서 데모를 주동했대.

여 옥 공장에서? 아니 왜 그애가 공장엘 가니?

남 옥 (하품을 한다) 방학 때마다 가서 일하는 섬유공장이 있거든. 거기선 아무도 그애가 대학생이라는 걸 몰랐대…. 그앤 원래 말이 없으니까. 아무도 몰랐을 거야. 그리고 잘난 척도 않거든.

여 옥 막내가… 놀랍구나 몸도 약할 텐데. 그저 어리다고만 여겨온 아인데. (침울하게) 난 내 아이처럼 그앨 키웠어. 업어주지 않으면 잠을 안 자서 난 허리가 끊어지도록 업곤 했지. 아, 난 그동안 너무 무심했던 것 같구나. 내가 이 집의 장녀라는 걸 잊고 살았어. (울먹인다) 그애가 그렇게 된 건 내 책임이야. 겁먹은 큰 눈에 수심띤 그애의 얼굴을 난….

남 옥 아냐 언니 책임이 아니야. 그앤 스스로 택했어.

여 옥 (혈육의 정이 듬뿍 담긴 목소리로) 쫓기고 있다고 했잖아. 밥을 굶을지도 모르고 다리 밑에서 추위에 떨지도 몰라.

남 옥 그렇다고 다리 밑에 있지는 않을 거야.

여 옥 그럼, 아. 생각만 해도 끔찍해. 요즘 얼마나 끔찍한 세상인지 넌 모를 거다. 처녀 아이가 길거리를 방황하도록 그냥 두지 않는 세상이야.

남 옥 언니 생각처럼 정옥인 연약한 아이가 아냐.

여 옥 도무지 내겐 겁먹은 표정의 깡마른 여중생밖엔 기억이 없어…. 그애가 최루탄이 빗발치는 곳에 대항하는 아이란 말이니? 총놀이도 아닌 그런 놀이를 한단 말이니?

남 옥 언니. 너무 흥분하지 마… 그애한테 아무 일도 일어나지 않았을 거야. 난 그렇게 믿고 있어. 자, 언니. 이 옷을 벗어. 어머, 단추가 떨어졌는데.

여 옥 (흥분이 가라앉는 듯 무신경하게) 알아. 언제 그렇게 됐는지 모르지만.

남 옥 (바바리를 들어 자기 몸에 대본다) 내겐 맞는 옷이 좀체 없어. 모양도 안 나고 (옷을 한쪽 팔에 걸고 한쪽으로 여옥의 팔을 잡아 당기며) 언니 우리 부엌에 가서 차 마시자. 올봄의 감잎차야.

여 옥 (놀라며) 네가 만들었단 말이니?

남 옥 그럼. (여옥을 안다시피 하며 부엌으로 간다) 나 말고 누가 있어.

여 옥 (키득 웃으며) 시집 가도 되겠네.

남 옥 때는 벌써 되고도 남았지.

(그들은 명랑하게 웃으며 부엌으로 들어간다. 한동안 그 웃음은 다시 터졌다가 진정되고 다시 터져나오기를 반복한다. 그런 가운데 조명 서서히 어두워진다. 사이. 경쾌한 새소리. 무대 밝아지면 뒤안의 장독대에서 된장을 푸고 있는 여옥. 부엌에서 남옥이 도마질하는 소리가 들린다. 여옥은 된장에서 뭔가 찾는 듯 뒤적거린다. 손가락으로 고추를 들어올려 보며 먹는다. 그 맛에 취

한 듯 미소 짓는 얼굴. 그때 오른쪽에서 등장하는 혜옥. 이 집의
둘째 딸이다. 날씬한 몸매에 긴 퍼머머리. 그러나 세월의 흔적을
화장으로 지우기에는 나이를 속일 수 없는 얼굴이다. 손지갑을
들고 이리저리 둘러보고 있을 때 큰 트렁크를 들고 숨을 헐떡이
며 들어오는 택시 기사. 그는 이십대 후반의 메마른 남자다.)

택시 기사 어디 놓을깝쇼.

혜 옥 (여옥을 발견하지만 얼른 고개를 돌린다. 손가락으로 가리키며)
저기 마루 책꽂이 옆에.

(택시 기사 짐을 옮긴다. 그런 중에 힐끗힐끗 혜옥을 쳐다본다. 그
는 혜옥의 화려한 옷차림과 향수에 넋이 나간 인상이다.)

여 옥 (비로소 혜옥이를 발견하고는) 혜, 혜옥아.

혜 옥 (냉랭하게) 응 언니, 오랜만이야. (여옥을 훑어 보며) 그런데
언니도 별수 없군. 그렇게 우물거리며 서 있는 꼴이 이
젠 아줌마티가 역력한데.

여 옥 (당황하며) 어머, 그러니? 된장 속의 고추가 얼마나 맛있
던지. 남옥이가 담근 건데 엄마 솜씨 그대로야. (그릇에
담긴 고추 한 개를 꺼내들고) 너도 한 개 먹어볼래?

혜 옥 (뒤로 물러서며) 싫어. 난 된장 냄새 질색이야.

여 옥 그럴 테지. 넌 언제나 고상한 커피 냄새만 좋아하니까.

택시 기사 저, 요 요금을 아 안 주셨는뎁쇼.

혜 옥 (백에서 만 원짜리를 꺼내준다) 버터는 언니가 더 좋아하

잖아.

택시 기사 (굽신거리며) 아, 예. 안녕히 계십쇼.

(택시 기사가 나가려다 부엌에서 나오는 남옥과 마주친다.)

남 옥 (당황하며) 아, 안녕하세요.

택시 기사 어, 남옥 씨.

남 옥 (혜옥을 바라보고는 얼굴이 붉어진다) 안녕히 가세요.

택시 기사 (얼떨결에) 다음에 봅시다. (놀라는 두 언니들을 돌아보며) 아니 안녕히 계십쇼.

(후다닥 퇴장하는 택시 기사. 고개를 숙인 채 얼굴을 붉히고 있는 남옥을 멍청히 바라보는 두 언니.)

남 옥 (혜옥에게) 언니 언제 왔어?

혜 옥 그래, 넌 반갑지도 않은 모양이구나.

여 옥 (멀어져가는 택시를 보고는) 노란택시. 날 속이진 못해. 남옥이에게 애인이 있을 줄은 몰랐는데.

남 옥 아니야, 언니. 노처녀 희롱하는 것도 좌야.

혜 옥 (소파에 주저앉으며) 집이 많이 변했어. 아버진?

남 옥 들에 가셨어.

혜 옥 다행이구나. 난 첫인사를 어떻게 해야 할지 망설였는데.

여 옥 (된장을 남옥에게 건네주며) 상 차려라. 아버진 금방 오실게다.

남 옥 (혜옥에게) 언니 좋아하는 물김치도 있어.

혜 옥 고맙구나.

(남옥이 퇴장하는 모습을 혜옥은 물끄러미 쳐다본다. 여옥은 그동
안 트렁크에다 시선을 주고 있다.)

혜 옥 저앤 맏딸이 할 일을 대신하고 있어.

여 옥 (맞은 편에 앉는다) 무얼 잔뜩 싣고 왔니?

혜 옥 유감스럽게도 언니에게 줄 건 없어.

여 옥 물론 바라지도 않는단다.

혜 옥 (백에서 담배를 꺼내 윤이 나는 라이타로 불을 붙인다) 죽었어.

여 옥 … 무슨 말이니?

혜 옥 (연기를 뿜으며) 늙은 쪽발이.

여 옥 그럼?

혜 옥 물론 내겐 한푼도 남겨주지 않았어. 일본엔 엄연히 본처
가 있었으니까.

여 옥 그럼, 이제 집으로 돌아온 거니?

혜 옥 어때, 기쁘지 않아?

여 옥 (손을 잡으려 한다) 혜옥아.

혜 옥 (물러나며) 됐어. 그런 슬픈 목소리로 부르지 않아도 돼.

여 옥 어떻게 할 거니?

혜 옥 다시 떠날 곳을 찾거나 아님 여기서 시집이나 가야지.

여 옥 시집을?

혜 옥 왜 가면 안 돼?

여 옥 진작 그렇게 맘먹었다면 좋았을텐데.

혜 옥 … 형분 잘 있어?

여 옥 으응.

혜 옥 같이 오지 그랬어.

여 옥 그인 바빠.

혜 옥 문구점은 잘돼?

여 옥 그럭저럭… (트렁크를 다시 쳐다보고는) 정말 세월은 유수같
      구나.

혜 옥 (자리에서 일어나며) 세월이 유수라니. 그렇게 말하는 언니
      는 할머니 같군. 우연치곤 너무 극적으로 오늘 아침 성
      규 씨를 만났어.

      (여옥, 석고상처럼 굳어 있다. 여전히 담배를 피우며 왔다갔다 하
      는 혜옥.)

혜 옥 근사하더군. 아들은 아버지를 쏙 빼닮았고 아내는 그 나
      이에 아직도 처녀처럼 어여쁘더군. (여옥을 힐끗 보고는)
      날보고 악수를 청했어. 난 악수를 했지. 부인에게도 인
      사 했는데, 그토록 교양있어 보이는 여자는 처음이었어.
      마치 성규 씨는 내가 언니기라도 한 듯이 세상에서 가장
      행복한 미소를 지어 보이더군. (담배꽁초를 뒷마당으로 집어
      던지곤 그대로 우뚝 멈춰 선 채 산을 쳐다본다) 어쩜 저 황토산
      에 묘지는 하나도 없군. 어떻게 된 거지?

여 옥 성규 씨 소식 전해줘서 고마워. (자리에서 일어나 방으로 들

어가려 한다)

혜 옥 뭐가?

여 옥 (감정을 억제하는 소리로) 그냥 혼자 있게 해줘. (방으로 뛰어들어간다)

혜 옥 (담배를 꺼내 불을 붙이고는) 여태 홀아비로 기다릴 줄 알았던 모양이지… (창문으로 비쳐드는 햇빛에 눈을 게슴츠레 뜨고는) 아, 이제야 집에 돌아온 것 같아. 오랜만이야. 이토록 가까이 빛을 볼 수 있다니.

(이때 전화벨이 울린다.)

혜 옥 (수화기를 들고) 여보세요? … 막내구나. 어디 있니? … 나? 오늘 왔어. 모두 모였지. 너만 오면… 아버진 들에 가셨어. 곧 오실 거야. 그래 빨리 오너라.

(부엌에서 나오는 남옥과 방에서 나오는 여옥.)

남 옥 언니. 정옥인?

여 옥 응. (소파에 주저앉으며) 아버진 왜 이렇게 늦으시지?

남 옥 정옥이가 분명히 온다고 그랬어?

혜 옥 (대수롭지 않게) 그렇다니까… 근데 무슨 일이지? 정옥이한테 모두들 왜 그렇게 민감해?

여 옥 오, 가여운 아이. 그앤 엄마젖도 못 먹고 우유로만 큰 애야.

혜 옥   제발 그 지겨운 소리 좀 그만 해. (남옥에게) 무슨 일이지?

남 옥   그앤 쫓기고 있어.

여 옥   (애절한 목소리로) 글쎄 데모를 했단다. 그앤 우리와 달라. 상처 받아서는 안돼. 어머닌 한 번도 그앨 안아주지 않았어. 넌 모를 거야. 엄만 정신이 돌아오면 그앨 죽이려고 했지. 한두 번이 아니었어. 이불을 덮어 씌우거나, 목욕물에 그냥 푹 담그는 거야. (진저리를 치며) 그러면 그앤 숨도 못 쉬고 울지도 못했어.

(남옥, 슬그머니 왼쪽으로 퇴장한다. 두 언니들의 눈치를 보면서.)

여 옥   넌 몰라. 엄만 때론 비명을 지르지. 그애 얼굴을 들여다보며 비명을 지른단 말야… 난 그것이 늘 이상했어.

혜 옥   이젠 그만해! 언닌 늘 그런 식이야. 우울하고 징징짜는 그런 목소리하고.

여 옥   그래, 어쩌란 말이니. 넌 동생들을 내팽개쳐 놓고 늘 나돌았어. 추석빔으로 맞춘 내 한복을 훔쳐입고.

혜 옥   도대체 그 옷 얘긴 언제 끝낼 거야.

여 옥   난 다 알고 있어. 너가 그날 밤 누굴 만났는지.

혜 옥   무슨 소리 하는 거야.

여 옥   날 속이진 못해 (냉정하게) 성규 씬 너 때문에.

혜 옥   (말을 가로채며) 나 때문이라고?

여 옥   그래, 너 때문이야.

(어색한 침묵.)

여 옥 (한숨을 쉬며) 지금 와서 무슨 소용이 있니.

혜 옥 언닌 여전하군. 언제나 시작은 먼저 하면서.

여 옥 (화가 풀린 듯) 그래도 엄마가 있을 땐 우린 안 싸웠지. 정옥이 태어나기 전 이 집엔 활기가 넘쳤고, 사흘씩이나 모심기를 했지. 일꾼들이 방방에 머물면서 농사를 지었어. 생각나니? (혜옥을 내려다본다) 피곤하니? (대답이 없다) 그래 아버지 오실 때까지 쉬어라. (창 밖의 햇살을 보는 듯 눈을 가늘게 뜨고는 혼잣소리로) 뒷산의 나무도, 저 햇빛도 모두 자리에 있는데 나는 더 이상 꿈많은 소녀가 아니구나… (무언가 생각난 듯 미소를 띄우며) 욕심도 질투도 이애를 괴롭히진 못하겠지.

제 2 막

조용하고 명랑한 음악소리. 입식으로 꾸며놓은 부엌. 무대 뒤쪽은 좁은 창문과 뒤안으로 통하는 문과 오른쪽으로 거실로 통하는 문이 있다. 둥근 반상에 둘러 앉은 혜옥과 여옥, 그리고 신문을 보고 있는 아버지. 남옥은 차를 각자의 앞에 놓는다.

여 옥　이건 감잎차야. 속이 거북할 땐 역시 차 한 잔이 최고야.

혜 옥　난 커피.

여 옥　속이 나쁘다면서 차를 마시지 그러니.

혜 옥　아침엔 커피가 좋아. 안 그러면 몸이 솜뭉치처럼 하루 종일 늘어져. (아버지에게 어색하게) 무슨 특별한 사건이라 도 있나요?

아버지　(신문을 내려놓으며) 늘 시끄러운 일뿐이지. (차를 마신다)

남 옥　함께 아침을 먹다니 정말 꿈만 같아.

여 옥　그렇구나. (아버지를 바라보며) 정옥이만 오면 이젠 모든 가족이 다 모인 셈이지.

아버지　(남옥에게) 무호는 소식 없느냐?

남 옥　(단호하게) 아버지!

여 옥 무호를 양자로 하셨다는 소릴 들었어요. 그앤 아버지 재
산으로 무위도식하고 있다면서요?

아버지 그앤 너희들 사촌이야.

여 옥 그걸 어떻게 알아요. 작은 아버진 무호가 태어나기 전에
돌아가셨⋯.

아버지 (여옥의 말을 가로채며) 그런 쓸데없는 소릴.

혜 옥 결국 아버진 아들 때문에 모든 걸 망치시는 군요.

남 옥 (혜옥의 말을 가로막으며) 그만 이젠 더 이상 아버질 괴롭히
지마.

혜 옥 (당황한 듯) 그래. 넌 굉장히 효녀로구나.

여 옥 (약간 빈정거리며) 됐어. 어쨌든 무호는 아버질 쏙 빼 닮았
어. 그것만으로도 그앤 우리 사촌이지.

아버지 모든 건 지난 일이야. 내가 너희들을 부른 건 (차를 한 모
금 마신다. 세 딸은 일제히 아버지에게 시선을 돌린다) 저기 황
토산 때문이다.

혜 옥 공동묘지 말인가요.

정옥 이젠 공동묘지가 아니야.

아버지 난 저걸 팔고 싶지 않단다. 저 산은 바로 내 심장에 박힌
못이란다. (고통스런 얼굴이다) 너희 엄마와 내가 저 산에
서 출발했다. 아무도 저 산이 쓸모있으리라곤 생각지도
못했지. 맨손으로, 물려 받은 유산도 없이, 여옥이 널 업
고 개간을 했지. 그리고⋯.

남 옥 (아버지의 말을 가로채며) 재산은 눈덩이처럼 불어났단다.
그 말씀하려는 거죠?

아버지 (고개를 끄덕이며) 내가 죽은 후에도 너희들은 저 산을 팔아서는 안 된다.

여 옥 오래 사셔야죠. 어버지 어떻게 그런 말씀을. (훌쩍인다)

아버지 그래서 난 너희들을 한자리에 불러모아 저 산을 공동명의로 묶어 두려고 한다… 물론 무호도 같이.

남 옥 안 돼요. 오빤 우릴 갈라 놓을 거예요.

여 옥 우리 소흰 지금 수술을 받아야 해요. (갑자기 서러운 듯) 돈이 있으면 그앨 도와주셔야죠… 그런데 아버진 엉뚱한 무호에게 여관을 물려주셨다면서요.

남 옥 여관은 무슨. 이젠 그것도 팔릴 지경인데.

여 옥 팔다니?

남 옥 (엄지손가락과 약지를 서로 비비며) 이거.

혜 옥 쳇 지랄같은 집구석. 누군 허리뼈 부러지게 일하고 누군 노름이야.

아버지 (고통스럽게 가슴을 감싼다) 그만들 해. 어쨌든 모두 모이면 그때 얘기하겠다.

(아버지, 자리에서 일어나려 하나 그대로 주저앉는다. 그때서야 모두 깜짝 놀란다.)

남 옥 (재빨리 아버질 부축한다) 어버지.

여 옥 (남옥과 동시에) 아버지.

혜 옥 (들고 있던 커피잔을 부자연스럽게 내려놓으며) 병원에 가야겠어요.

아버지 (손을 내저으며, 그러나 한쪽 손은 가슴을 움켜잡고) 괜찮아. (남옥에게) 날 방으로 데려다오.

남　옥 (아버지를 가쁜하게 안다시피 부축해가며 여옥에게) 언니 따뜻한 물수건 좀 준비해줘.

　　　　(남옥과 아버지 퇴장. 여옥 급히 수건을 찾는다. 혜옥 한동안 멍하니 서 있다. 여옥, 남옥이 끓여 놓은 물주전자를 그릇에 따른다. 물이 조금밖에 없다. 황급히 물을 받아 가스 불에 얹는다. 물이 끓기를 기다리다가 왔다갔다 한다. 혜옥은 어느새 담배를 찾아 라이타로 불을 붙인다.)

여　옥 (혼잣말처럼) 아무래도 심각해. 다시는 날 안 본다고 했었어. 그해 겨울에 말야. 아버진 그러고도 남았어. 우리 결혼을 반대했어. 지독하게도 그일 싫어했으니까… 그런데 아버진 우릴 불렀어. 갑자기 말야.

혜　옥 어버진 편찮으셔. 그것도 굉장히.

여　옥 (갑자기 생기가 난 듯) 그래. 할아버진 어느날 아침 갑자기 돌아가셨어. 마치 잠든 것처럼.

혜　옥 아무래도 병원에 가야 할 것 같아.

여　옥 그리고 우리 소희도… 틀림없어.

혜　옥 심장병?

여　옥 그래, 원인은 거기에 있었어. (억울한듯) 하필이면 소희가.

혜　옥 (부엌의 들창을 열어 젖히며) 무엇 때문에 우릴 황토산에 묶어두려 하는지 모르겠어. 이 집 사람들은 모두 제각기 흘러가는 강물일뿐. 아버진 억지를 쓰고 있어. 제기랄. 저 산에 금이라도 쏟아진다면 몰라.

(이때 무호 등장. 그는 혜옥과 같은 나이. 훤칠한 키에 잘 생긴 편, 누구에게나 호감을 주는 인상. 티셔츠와 바지를 입은 그는 매우 활동적으로 보이는 중년의 남자. 그러나 날카로운 그의 눈매는 항상 바쁘게 움직인다. 그는 이미 밖에서 두 자매의 이야기를 들은 듯하다.)

무 호   (쾌활하게) 금이 나오죠. 저 붉은 황토산이 바로 광맥을 찾게해준 거요. 이제 우린 모두 부자가 되지.

혜 옥   (코웃음을 치며) 호랑이도 제말하면 온다고. 양반되기는 그렇어.

무 호   양반은 무슨 썩어질 양반. 요즘은 돈이 최고지. 하늘만 쳐다보고 농사 짓던 시대는 이미 지나간 지 오래거든.

여 옥   그래서 너는 손끝으로 집안을 망치려고 했니?

무 호   여자들의 소견은 그래서 좁은 거야. 내 말을 잘 들어요. 저 산에 황금이 쏟아져 나온단 말이오. 황금?

혜 옥   (여전히 비웃으며) 황금이라니.

무 호   (혼잣말로) 백부가 아직 말하지 않은 모양이군.

여 옥   황금이라. 저 산에 황금이 나온단 말이지?

무 호   그래요. 황금 같은 온천물이 솟구쳐서 우린 벼락부자가 된 거라구요.

여 옥   (실망한 듯) 온천?

무 호 결국 저 산은 가장 비싼 땅이 되었어요. 지금 읍내에 가면 서울의 투기꾼들이 불나비처럼 모여들고 있거든. 모두 저 산을 사기 위해서지요.

혜 옥 그럼 아버진 어떻게 하겠다는 거지?

무 호 그게 바로 문제야. 아무리 많은 값을 불러도 백부는 절대로 땅을 팔지 않겠다는 거야. 더구나 온천이 나온들 무슨 소용이 있겠어.

여 옥 (그제야 생각이 난 듯) 아 참. 내 정신 좀 봐.

(여옥, 물수건을 들고 황급히 퇴장.)

혜 옥 (피우던 담배를 창밖으로 던지며) 그래서 저 땅을 어쩌려고 오셨나.

무 호 (창밖의 산을 바라보며) 저 황토산에 호텔을 지을 거야. 대리석으로 된. 마치 그리스 신전 같은. 달빛을 받으면 고고한 자태. 누구든 이곳에 묵은 자는 황제가 부럽지 않도록 할 테야. 낙원이 되는 거지. (부드러운 목소리로 혜옥에게) 날 도와줘. 여기에 신전을 짓도록 말야.

혜 옥 (폭소를 터트리며) 신전이라고 했니. 신전. 아. 날 웃기지 마. (계속 웃음을 터트린다)

무 호 (더욱 신이 나서) 생각만 해도 신나지 않아? 신전의 지하엔 분위기있는 카페를 차리지. 그곳의 사장은 혜옥이 바로 너가 되는 거야.

혜 옥 (갑자기 웃음을 그치고) 오, 그건 아주 괜찮은 발상이군.

무 호   그러니까 아버질 설득시켜야 해. (갑자기 생각난 듯) 아, 그럴 필요는 없겠군. 우리 네 자매의 마음이 한곳으로 합쳐진다면야. 간단한 문제지. 아버지가 돌아가신 뒤 황토산을 팔자구. 물론 호텔 지을 땅 일부만 남기고는 다 팔아야 건축비가 될 거야. 그 다음엔 우리 모두가 함께 그 호텔을 경영하자구! 내 생각이 어때?

혜 옥   (솔깃하여) 우리가 함께?

무 호   그렇지. 이름하여 그리스 신전이라. 하하. (유쾌하게 웃는다)

혜 옥   (혼잣말로) 꼭 죽음의 신전 같군.

(이때 남옥 등장. 다급한 표정. 미친 듯 웃고 있는 무호와 다소 어리둥절한 상상에 빠져 있는 혜옥.)

남 옥   (황소같은 기세로) 뭐가 좋아서 낄낄거리는 거야. (그들 웃음 멈춘다. 남옥 다소 누그러진 소리로) 아버지가 편찮으시단 말야. 난 여태까지 아무것도 눈치채지 못하고 있었어…. (갑자기 울음이 복받치는 듯) 그저 위장병인줄 알았는데. (드디어 반상에 엎드려 꺼이꺼이 운다)

(혜옥, 그제서야 상황을 판단한 얼굴로 침울하게 남옥을 내려다보고 있다.)

무 호   (남옥의 등을 토닥거리며) 울지 말라구. 내 차로 병원에 모셔 갈 테니….

남 옥 (여전히 울먹이며) 아버진 병원에 가지 않을 거라구요.

혜 옥 (날카롭게) 초상났니. 이젠 그만해. (퇴장한다)

남 옥 (훌쩍거리며) 가스렌지 옆에 휴지 좀 줘요.

무 호 오 그래. (휴지를 준다)

(무호 창밖을 내다보며 다시금 생각에 몰입한다. 남옥 세차게 코를 푼다. 이때 여옥 들어온다.)

여 옥 (남옥에게) 너 울었구나. 왜 그랬니?

무 호 효녀의 눈물이오. (여옥에게 걱정스러운 듯) 그래 백부는 좀 어떠시오?

여 옥 이내 잠 들었어. (둘러보며) 혜옥은?

무 호 (모르겠다는 몸짓을 한다)

여 옥 (생각난 듯) 그건 무슨 말이지? 온천이 나온다는데…?

남 옥 (말을 가로막으며) 언니 아버진 온천 때문에 언니들을 부른 건 아냐. (무호를 째려보며) 그동안 전화 한 통 없더니 웬일 이세요?

무 호 (장난처럼) 오, 이제야 인사를 하는군.

여 옥 어서 말해봐. 저 산에 온천이 나온다 그말이니?

무 호 그래요 허지만 그 문젠 다음에 얘기하기로 하고… 제게 전화를 한 건….

여 옥 누구 말이니?

무 호 백부님 말입니다. 심상치 않은 것 같군요. 저도 오늘 오라고 한 걸 보면 말입니다. (결심한듯) 읍내 병원에 전활

해야 겠어요.

(그때 거실에서 전화벨이 울린다.
그들이 나가기 전에 누군가 전화를 받는다.)

혜옥의 소리 여보세요? … 정옥이? … 빨리 오지 않고… 그래…
저녁 10시에 도착한다고? 그럼, 모두 널 기다리고 있
어… 그래… 건강은? … 다행이구나.

(남옥은 뭔가 느낀 듯 창밖을 내다본다. 그리고 이리저리 밖을 내
다보며 주위를 살핀다. 여옥과 무호 전화목소리에 귀를 기울인다.
남옥 뭔가 발견한 듯 무호를 잡아끈다. 그들 창밖을 본다. 거실에
서 전화 끊는 소리. 여옥 거실쪽에 귀를 기울이며 거실로 퇴장.)

남 옥 (소리를 낮추어) 저 남자예요. 분명해 회색 점퍼. 며칠 전
부터 우리 집 주월 어슬렁거리고 있어요.

무 호 (놀란듯) 장 형사가 웬일로 여길 기웃거리지?

남 옥 아시는 사이예요?

무 호 알고말고, 초등학교 동창이지. 그런데 왜 그러지?

남 옥 사실, 정옥이 때문이에요.

무 호 아, 그 이쁜이.

남 옥 쉿! 조용하세요. 그앤 지금 쫓기고 있어요. (안절부절하며)
큰일이네. 오늘 저녁에 정옥이가 집에 오는데….

무 호 나한테 맡기라구. (밖으로 나간다)

남 옥 (무호를 붙잡으며) 어쩌려고요?

무 호 무슨 일인지 알아봐야지.

(무호 퇴장. 남옥 창밖을 내다보고는 안절부절한다. 남옥 거실로 퇴장. 텅 빈 무대. 소음 가까워지더니 여옥과 혜옥, 남옥 등장.)

여 옥 형사란 말이니? (창밖을 내다본다. 혜옥도 함께 내다본다) 안 보이는데.

남 옥 무호 오빠도 같이 있단 말야. (밖을 내다본다) 있었는데.

여 옥 뭐 좋은 방법이 없을까….

혜 옥 그자를 다른 곳으로 유인하면 어떨까?

남 옥 누가?

(여옥과 남옥, 혜옥을 쳐다본다.)

혜 옥 누구든. 정옥이가 어버질 뵐 수 있도록 단 몇 시간만.

여 옥 그렇지만 어떻게.

혜 옥 하늘이 무너져도 솟아날 구멍은 있을 테니 생각해 보아야지.

남 옥 (가스렌지에 다시 물을 끊인다) 아버진?

여 옥 세상 모르고 잠드셨어. (혜옥이 담배를 입에 물고 라이타로 불을 붙이려 하자 잡아챈다) 그만 피워. 제발 여긴 집이야.

혜 옥 (라이타를 도로 뺏으며) 담밴 옛날에도 피웠어.

여 옥 (컵에 냉수를 따라 마시며) 그래 넌 처음부터 싹수가 노랬어. 넌 뭐든지 내게서 뺏으려고 했어. 내가 하려는 건 다 하려고 했지.

혜 옥   (담배를 비벼 끄며) 그만 좀 해둘 수 없어?

여 옥   진작 담배를 껐으면 됐잖아.

(남옥, 두 언니를 번갈아 보며 물이 끓기를 기다리다가 불을 끄고는 힘없이 나가 버린다. 여옥과 혜옥은 멍하니 서로의 얼굴을 바라보다가 외면한 채 오랜 침묵.)

여 옥   우린 만나면 왜 이러는지 모르겠어.

혜 옥   모두 내 탓이지 뭐.

여 옥   아냐… 넌 언제나 대담했어. 어버진 그런 널 싫어했지만….

혜 옥   아버진 언니 밖에 몰랐어.

여 옥   그건 아니야.

혜 옥   아버진 날 미워했어.

여 옥   너가 벙어리여잘 쫓아냈기 때문이야.

혜 옥   그 여잔 우리 남동생을 낳을 자격이 없었어. 아무 사내나 어울리고 다녔으니까.

여 옥   (지난날이 생각난 듯 웃음을 참으며) 넌 그 여잘 개패듯했지. 사실 난 호호 얼마나 속시원했는지 몰라. (주방으로 걸어가며) 커피 마실래?

혜 옥   블랙으로.

여 옥   너 생각나니? 내가 스물두 살이고 너가 열아홉 살 때…

그해 추석말야.

혜　옥 (반상 밑의 신문을 집어 들며 건성으로) 응.

여　옥 아버진 우릴 못가게 했지 (웃으며) 애꿎은 남옥이만 우리 대신 대답하느라 얼마나 힘들었니! (아버지 흉내내며) 여옥이 자나? 혜옥이 자나? (키득거린다.)

혜　옥 (생각난 듯) 노래자랑?

여　옥 그래. 넌 일등이었어. 앵콜.앵콜.앵콜. 사람들이 외쳤지. 넌 다시 노랠 부르고… (커피잔에 커피를 담아 내려놓으며 마주 앉는다) 정말 기막힌 목소리였어.

혜　옥 (커피를 마시며) 모두 지난 일이야.

여　옥 그렇지만 넌 훌륭한 가수가 될 수 있었는데. 그때 아버지가 조금만 도와줬으면… (여전히 신문을 보고 있는 혜옥. 지난 일을 생각하듯) 그 레코드 사장 말야. 도 대회에서 너가 금상을 수상했을 때. 여기까지 찾아왔었지. 아버진 그 사람을 쫓아버렸어. 그가 쫓겨가면서 하던 말 생각나니? (갑자기 목소리를 굵은 바리톤으로 바꾸며) 후회할 걸. 날 쫓아낸 걸 평생 후회할 거라구… (시무룩하게) 아버진 그때 왜 그렇게 고지식했는지 몰라.

혜　옥 유독 나한테만 그랬어.

여　옥 어쩌면 아버진 후회하고 있는지도 몰라.

혜　옥 이젠 모든 것이 늦었어. 바에서 노래부를 땐 그래도 행복했었는데.

여　옥 (눈치를 보며) 저, 모아둔 돈은 있니?

혜　옥 (코웃음치며) 쓸 돈도 없는 판에. (여옥의 옷차림을 훑어 보며)

글쎄 무호가 언니, 저 황토산에 그리스 신전을 세우겠대. 재미있지 않아?

여 옥 그건 무슨 소리니?

혜 옥 아버지가 돌아가시면 호텔을 짓겠다는 거야. 우리 모두의 이름으로. 그리고 경영까지도….

여 옥 (어이없는 웃음을 지으며) 그앤 참 엉뚱하구나.

혜 옥 몽상가거나.

여 옥 무호가 황토산을 팔자고 하면 난 동의하겠어 호텔 같은 건 짓지 않아도 좋아. 단지 난 이곳을 잊고 싶을 뿐이야.

혜 옥 언니가 그토록 증오하는 건 뭐지?

여 옥 (황혼이 지는 황토산을 쳐다보며) 저 산 때문이야. (소름끼치는 듯 안절부절한다) 오늘처럼 황혼이. (손가락으로 허공을 가리키며) 저기 늙은 느티나무에… 어머닌 한 떨기 진달래처럼… 나 난, 무호가 팔아버리겠다면 기꺼이 찬성할 거야. (거의 울먹이며) 어머니가 우릴 배반했듯이 난 이곳을 배반하겠어.

혜 옥 (담배를 꺼내 물며 불을 붙인다) 사실 난 황토산에 대해 별다른 증온 없어. 그때 난 여기에 없었으니까. 그렇지만 가끔 꿈속, 어느날 문득 붉은 황토산이 나타나곤 했어.

(이때, 무호와 베레모를 쓴 장 형사의 머리가 부엌창문을 지나간다. 이윽고 무호의 기침소리.)

혜 옥 (거실 쪽을 바라보며) 저기 곰같이 생긴 자가 형사인가 본대.

여 옥 (일어나 무대 오른쪽을 바라보며) 왠지 불길한 예감 때문에 내 자신 주체하지 못했는데 이런 일이 생기려고. (혜옥에게) 어쨌든 정옥이가 오기 전에 저잘 집에서 쫓아내야 해. 그렇지 않으면 정옥인….

(거실 쪽에서 무호의 소리가 들린다.)

무호의 소리 부엌에 계신 누님들. 이리 좀 와봐요. 손님이 왔어요.
여 옥 저앤 어쩌자고 저잘 불러들였지?
혜 옥 나가봐 언니. 난 아버지에게 가야겠어.
여 옥 나가서 어떡하니.
혜 옥 일단 그잘 두고 봐야지. 남옥일 불러 줄게. (혜옥 뒷문으로 나간다)
여 옥 (혜옥을 쫓아가며) 혜, 혜옥아.

(혼자 남겨진 여옥. 문 밖을 내다본 뒤 하늘을 바라본다. 어디선가 불어오는 세찬 바람. 그 바람에 굴러온 낙엽. 낙엽을 주워드는 여옥. 무대 조명 서서히 핏빛처럼 붉어진다. 여옥의 얼굴과 온몸이 함께 붉은 석양에 물든다. 손바닥을 바깥으로 내밀어 보는 여옥. 붉게 물든 단풍잎 같은 여옥의 손바닥. 문밖으로 보이는 황토산의 모든 나뭇가지들이 고흐의 '석양'이라는 그림의 분위기와 닮았다. 그것은 하나의 아우성과 같은 괴기한 분위기. 몸서리치며 재빨리 문을 닫아버리는 여옥.)

제 3 막

무대는 두 부분으로 나뉜다. 뒷배경은 1막과 같은 배경이다. 오른쪽 앞부분은 책장이 없는 대신 아버지의 침실이 있다. 병풍이 쳐져 있고 그 아래 누워 있는 아버지. 오른쪽 끝에는 바깥에서 방으로 들어 올 수 있는 문이 있고 그 외에 장식은 없다.

무대 왼쪽의 절반은 1막과 같은 거실이다. 거실과 방 사이에는 얼마간의 거리가 있고 중간에 한지로 바른 미닫이문이 세워져 있다. 극이 진행되는 동안 문을 통해 배우들이 오갈 수 있으나 거실이나 방에서 극이 진행될 때는 그곳만 빛을 받는다.

막이 오르면 방에만 빛이 들어온다. 천정을 향해 누워있는 아버지, 간간이 숨을 깊이 내쉬는 숨소리가 들린다. 잠시후, 오른쪽 바깥문에 그림자가 어린다. 문이 반쯤 열리면 들어서는 혜옥. 어둠을 비집고 들어오는 황혼. 방안을 물들인다. 혜옥. 어깨에 내려앉은 낙엽을 털어낸다. 눈을 뜨는 아버지. 앞에 서 있는 딸을 올려다본다.

혜 옥 (무거운 소리로) 이제 좀 어떠세요.?

아버지 괜찮다. (일어나려고 머리를 들다가 도로 눕는다)

혜 옥 누워계세요. (이불을 덮어주며) 밖엔 황혼이 아름다워요.

이런 날 아버지와 함께 들판으로 나가고 싶었는데.

아버지　넌 들에 나가려 한 적이 한 번도 없었지.

혜 옥　그렇지만 늘 가고 싶었어요. 아버지와 함께 말예요… 병원에 가셔야 하지 않아요.

아버지　(단호하게) 병원엔, 안 간다. 아무도 날 방안에서 내보내지 못해.

혜 옥　그러면 의사라도 부를까요?

아버지　난 의살 믿지 않아.

혜 옥　그렇지만 그들에게 보여야 해요. 아버진 지금 매우 심해요.

아버지　날 내버려 둬.

혜 옥　진작 집에 돌아올 걸 그랬어요.

아버지　….

혜 옥　이렇게 될 줄은… 아버진 언제나 강하신 줄로만 알았어요. 그런데 허무해요…. 사실 전 아버질 괴롭힐 생각만 하였지 기쁘게 해드릴 생각은 한 번도 해본 적이 없었어요. 아버지가 데리고 오는 여자들을 전 아버지 몰래 쫓아내곤 했으니까요. 전 제가 남자라고 상상하는 걸 좋아했어요… 아버지가 여자들을 집에 들이는 것은 모두 아들이 없기 때문이라 생각했죠…. 다 부질없는 생각이었지만요.

아버지　(손을 들어 내민다. 혜옥 손을 잡는다) 네 말대로 모두 부질없는 짓이었지. 그래 넌 어떻게 할 생각이냐?

혜 옥　모르겠어요…. 무호 말대로 호텔을 짓게 되면….

아버지 무호는 믿지 마라. 그리고 저 산과 한 치의 땅도 팔아선 안 돼. (거친 숨을 몰아 쉰다) 온천 같은 건 없어. 설사 온천이 나온다 해도 팔아선 안 돼, 영원히 여기에 너희들을 묶어두려 한다. 왜냐면 너희들은 언젠가 이곳에 돌아 올 테니까….

혜 옥 제가 어릴 때 무슨 생각을 하면서 자란 줄 아세요? 언제 집을 떠날 수 있을까…. 오직 그런 생각 뿐이었어요. 무언가 알 수 없는 불행이 절 내리쳐서 꼼짝할 수 없게 짓눌러 버릴 것 같았지요.

아버지 ….

혜 옥 (아버지에게 이불을 덮어주며) 아버지 주무세요?

(혜옥 한동안 얼굴을 내려다본 뒤 일어난다. 떠들썩한 소리. 방의 조명 서서히 어두워지면서 거실 쪽의 조명 밝아진다. 혜옥, 거실 쪽의 문 앞에 선다. 거실. 무호와 장 형사 의자에 앉아 있고 남옥은 탁자 위의 전화기에 시선을 주고 서성거리며 그들의 말에 귀를 기울이고 있다. 장 형사는 뚱뚱하고 쓸데없이 자주 허허거리며 웃는다. 자신의 직업에 상당한 자부심을 가지고 있으며 다른 사람의 말을 엉뚱하게 들을 정도로 귀가 약간 어둡다.)

무 호 자넨 술을 못 마신다고? 믿어지지 않는군.

장 형사 못 마시는 게 아니라 안 마신다네.

무 호 왜? 술 없이 어떻게 일을 하는가. (주머니에서 담배를 꺼내며) 술이야 말로 무미건조한 이 세상을 낭만적이게 하지. (담배를 권하며) 술이 없으면 숨이 막힌다네.

장 형사 (거절하며) 싫어. 담배 먹고 죽으라니. 허허.

무 호 하. 자넨 농담도 잘 하지.

장 형사 (시계를 보며) 그게 아니고.

무 호 누굴 기다리는가?

장 형사 (주위를 둘러본다. 남옥과 눈이 마주친다) 그건 아니고….

무 호 그럼 여긴 웬일인가?

(남옥은 결심한 듯 다가가다.)

장 형사 사람을 찾고 있지.

남 옥 (당황하며) 커, 커피, 드실래요?

(장 형사 고개를 끄덕인다. 그때 방에서 나오는 혜옥.)

혜 옥 나도 한 잔. (장 형사에게) 사람을 찾는다고?

(남옥, 부엌으로 가면서 귀를 기울인다.)

장 형사 (말을 돌리는 척 하며) 자넨 횡재했어. 허허. 한턱 내게나.

무 호 뚱딴지 같은 소리야.

장 형사 소문이 파다하지. 저기 황토산에 온천이 나온다며? 땅값
이 하늘 높은 줄도 모르고 치솟고, 허허. 대단해. 허허.

무 호 (귀가 솔깃해지며) 누가 그러지?

장 형사 부동산업자, 아니 기업의 사장들이 마구 내려와 자넬 찾
는다지 아마. 허허.

무 호 아, 그랬지.

장 형사 얼마나 더 높일텐가. 평당 500?

무 호 500은 무슨 500이야.

장 형사 소문에.

무 호 소문에?

장 형사 그 말을 퍼뜨린 자가 사기꾼이라는데.

무 호 사기꾼? 아, 잠깐. (방에서 나오는 혜옥을 발견하고) 백부는
어때? 지금 인사드리러 들어가도 되겠어?

혜 옥 아니 주무셔. (장 형사를 뚫어지게 쳐다본다)

무 호 (혜옥의 시선을 쫓아가며) 내 소개하지. 이 사람이 장도락
형사. 술이라면 사족을 못쓰는 술탁보라네.

장 형사 (허허 웃으며) 국민학교 동창입니다. 허허.

무 호 (혜옥을 가리키며) 이분으로 말할 것 같으면 나와 동갑인
사촌이지.

혜 옥 안녕하세요.

장 형사 (자리에서 일어나 손을 내밀며) 만나서 반갑습니다.

혜 옥 (외면하고 맞은편에 앉으며) 누굴 찾으신다고 하셨는데 누굴
찾으시길래 우리집 앞에서 맴을 도세요?

장 형사 뱀을 찾는다고요?

혜 옥 예?

장 형사 아, 뱀은 싫어요. 땅꾼이나 뱀 찾지 저같이 공무에 몸담
은 사람이 어떻게.

혜 옥 (억지 웃음을 지으며) 기어다니는 뱀 말인가요?

장 형사 (혜옥이의 목걸이를 자세히 들여다보며) 그거 뱀머리 같습니다.

혜 옥 예, 그래요.

장 형사 다이아몬드가 박혀 있군요. 이거 비싸겠는데요?

무 호 진짜보다 가짜가 더 좋은 세상이지. 장 형사 자넨 보석 감정사가 훨씬 어울려.

장 형사 내가?

무 호 응, 자넨 왜 부친이 하던 금방을 물려받지 않았는가.

장 형사 그건, 아버지 가게지 내 건 아니라구. 난 답답한 건 질색이야.

무 호 말해 봐. 자네 누굴 잡으러 왔어?

장 형사 아냐. 난 사람을 찾으러 왔어.

무 호 누굴?

장 형사 그건, 말할 수 없어.

무 호 왜?

장 형사 아직 증거가 없거든. (문득 무대 뒤쪽을 본다) 야, 대단해, 여기 노을은 피 같은데.

혜 옥 (무호에게 낮은 소리로) 저 사람 왜 집으로 끌어들였지?

무 호 걱정말라구. 내게도 생각이 있으니까.

혜 옥 무슨 생각?

무 호 느낌이지. (호탕하게) 자네도 그 산이 탐이 나나보군.

장 형사 우리 할아버지는 저 산에서 총살되었다는군. 전쟁 때 저기서 많이도 죽었지. 그러니 온천이 나온다 해도 난 기쁘지 않아.

무 호 그럴 테지.

혜 옥 애써 기뻐할 필욘 없어요.

무 호 찾는 사람은 이 고장 사람인가?

장 형사 우리 스무고개 할까?

무 호 또 뚱딴지 같은 소리.

장 형사 증거가 없어.

무 호 그렇다면 여기 사람이군. 그렇지?

장 형사 그렇다고 봐야지.

무 호 막연한 추측으로 사람을 의심해선 안 되지.

장 형사 자넨 유복자였지?

무 호 (너털웃음을 웃으며) 하하. 또 엉뚱한 소리. 그렇지. 그건 왜?

장 형사 자네 부친은 죽은 건가. 실종된 건가.

무 호 나도 헷갈리는군. 아마 사망신고가 돼 있을 걸세.

장 형사 우리가 태어나기 전에 전쟁이 끝난 건 다행이야.

무 호 그렇지. 모두 지난 일이지. 우린 말야. 현재 살아야 하니까 말일세. 이제보니 자네는 좀 엉뚱한 데가 있군. 어느 누구도 내 앞에서 아버지 얘길 꺼내지 않아. 그랬다간 주먹세례를 받거든. 자넨 좀 예외지만.

장 형사 아, 화내지 말게. 난 그저 궁금해서. 허허.

무 호 장난치치 말게.

혜 옥 내가 듣기엔 두 분이 외나무 다리에서 만난 원수 같군요.

장 형사 (혜옥의 모습을 물끄러미 바라보며) 그 목걸이엔 다이아몬드 귀걸이도 어울리겠는데요. 원한다면 우리 금방에 한 번 들리세요. 원가로 쳐 주죠. 허허.

혜 옥 (까르르 웃으며) 이거 가짜예요.

장 형사 우리 가게 이름은 김천당입니다. 허허. 김천당이라니. 허허.

무 호 엉뚱한 소리 말고 자네 솔직하게 말해보게.

(이때 장 형사의 점퍼 안에서 삐삐거리며 무선전화가 울린다.)

장 형사 잠깐, 실례하겠습니다. (장 형사, 밖으로 퇴장)

혜 옥 (무호에게) 어쩌자는 거지?

무 호 (혼잣말로) 구렁이 같은 녀석! 어쩌긴 정옥이가 곧 온다며? 되도록이면 멀리 나갔다 와야지.

(여옥, 부엌에서 등장.)

여 옥 (사태를 짐작한 듯) 누군가가 장 형사를 데리고 나가면 어떨까?

무 호 그게 좋겠어. 내 차를 빌려줄까? 되도록이면 멀리 나갔다가 오라구.

혜 옥 하지만 누가 장 형사를 데리고 나가지?

(이때 전화벨이 울린다. 여옥 재빠르게 수화기를 든다. 남옥, 부엌에서 등장. 모두 여옥을 주시하고 있다.)

여 옥 여보세요?… 너로구나. 어디니? 기차역? 그럼 빨리 오지 않구 (수화기를 막고) 정옥이야? (다시 통화한다) 모두 널 기다리고 있어. (갑자기 목이 메어) 너 어디 아픈 데 없니? … 그래 다행이구나. 어서 빨리 오도록 해. (수화기를 내려놓는다)

(이때 장 형사가 등장하려다 도로 숨는다. 아무도 그가 들어왔다 나갔는지 눈치채지 못한다.)

혜 옥 어떻게 됐대?

여 옥 괜찮다는구나. 지금 읍내 역에 막 도착했는데 열 시면 온다고 걱정말래… 도리어 날 위로하더구나. (남옥, 여옥의 팔을 잡자 여옥은 남옥에게 기대어 갑자기 울음을 터뜨린다) 그애가 뭘 잘못했다고 쫓겨다녀야 하니.

남 옥 (울먹이며) 울지마 언니. (소파로 가서 앉는다) 자 진정해. 아버지도 편찮으시잖아.

여 옥 아, 불쌍한 아버지. 너밖에 없구나. 아버지에게 난 아무것도 해준 게 없어. (다시 울먹이며) 그저 내 생각만하고….

무 호 (결심한 듯) 내가 데리고 가겠어 (모두 쳐다본다) 어쩔 수 없잖아. 술로 유인하는 수밖에 몇 시에 오면 되지?

남 옥 밤중에 그앤 떠날 거야.

무 호 그럼 오후에 오면 되겠군.

여 옥 잘 될 거야. 모두 잘 될 거야. (남옥에게) 나 좀 쉬어야겠어. (자신의 가슴을 잡으며 숨을 깊이 내쉰다) 차를 마셔야겠어… 넌 저녁을 준비하고… 아버지에게 버섯죽을 끓여 드려야지.

남 옥 (여옥의 한쪽 팔을 잡고 일으켜 세우며) 그래 언니. (혜옥에게) 둘째 언니 빨리 와서 좀 부축해줘. 난 언니 좋아하는 송이국 끓여 놓을게.

혜 옥 고맙구나.

(여옥을 부축해서 소파에 앉히는 혜옥. 남옥 부엌으로 퇴장.)

혜 옥 언니 속은 여전하군. 자기 성질 못 이겨 애꿎은 가슴만 쥐어 뜯는 거. 그러니까 소희가 심장병에 걸리지.

여 옥 뭐라고? 이모가 돼서 어쩜 그렇게 잔인한 말을 하니?

혜 옥 유전적인 얘기를 했을 뿐이야.

여 옥 (주먹을 쥐고) 넌 나이가 들어도 여전하구나.

무 호 아, 조용히 좀 하세요. 휴 무슨 술로 이자를 녹인다?

(그때 장 형사 등장.)

장 형사 한순간도 쉴 틈이 없군. (무호에게) 자네 차 멋지더군.

무 호 당분간 타고 다닐려고 중고차를 구입했지. 곧 새로 하나 빼려고 이런 곳은 말야 차가 없으면 불편해서. 아. 내 차를 빌려 줄까? 어디 드라이브나 잠깐 가게나.

장 형사 거 좋은 생각이야. 안그래도 자네 차를 빌려야겠는 걸. 허허.

무 호 무슨 급한 일인가?

장 형사 교통사고야.

여 옥 어머 끔찍해. 사람은 안 죽었어요?

장 형사 현장에 가봐야 알겠죠. 허허. 참 심각하다는데. (나가다가 문득 황토산을 돌아본다) 오늘 노을은 유독 붉어 허허.

무 호 참, 밤에 시간 있나? 우리 읍내서 만나세. 새로 생긴 캬바레 있지. 그곳에 기막힌 아가씨가 새로 왔다는군.

혜 옥 (혼잣말로) 흥! 구제불능이야!

장 형사 그래도 저 노을보단 못하지. 허허. 그 아가씨 입술이 아무리 붉다해도 저 황토산만큼 붉지는 못할 걸세.

무 호 (애써 쾌활하게) 좋아. 이제보니 자넨 황토산에 아주 관심이 많군. 어떤가? 묘터 하나 줄 테니 영원히 황혼을 즐기게나. 하하.

장 형사 (같이 웃으며) 고마워. 난. 이만 가야겠네. (혜옥과 여옥에게) 또 뵙겠습니다.

혜 옥 또 뵐일이 뭐 있겠어요?

장 형사 별을 보신다고요?

무 호 (어깨를 툭치며) 엉뚱한 소리 말고 어서 가보게나.

장 형사 (웃으며) 안녕히 계십시오.

(장 형사와 무호 퇴장.)

혜 옥 저 사람, 보기엔 엉뚱해도 속은 구렁이야.

여 옥 착한 사람같아.

혜 옥 언니 눈엔 다 착해 보이지.

여 옥 공연히 사람 의심하는 것도 병이야.

혜 옥 그래서 언니는 아무 의심도 없이 형부랑 결혼했수?

여 옥 그만.

(담배를 피기 시작하는 혜옥. 연기를 손으로 쫓는 여옥.)

혜 옥 흥! 그따위 유치한 연극에 속아 넘어가다니. 납치해 놓
고 정의의 용사처럼 구해주는 척! 언니는 그것도 모르고
내 생명의 은인이니 어쩌구 저쩌구 하면서 평생 그 자의
발바닥을 핥았잖아!

여 옥 그만!

혜 옥 더 들어. 약혼한 처녀가 유부남하고 줄행랑을 쳤다. 소
문이 얼마나 잔인한지 알아! 그때부터 내 혼사길도 막혔
어! 언니는 뻔뻔스럽게도 다시 집으로 돌아왔지. 모두
거짓 연극이었다는 거 알면서도 결혼을 하다니!

여 옥 (가슴을 움켜쥐며) 너, 너, 날 죽일 셈이니?

혜 옥 이제라도 좀 똑똑해지라구?

여 옥 (코웃음을 치며) 흥! 내 핑계 대지마. 그래 넌 잘났니? 난
남편이라도 있지만 넌 뭐야. 기껏!

혜 옥 (발끈해서) 기껏? 말해봐! 기껏! 기껏! 뭐냐구!

여 옥 (숨을 헐떡이며) 우리, 제발 이러지 말자. 몇 년만에 만났
는데 이게 뭐니. (울먹인다. 남옥이가 놀란 표정으로 등장)

남 옥 언니들 왜 그래?

여 옥 나 좀 부축해줘. (남옥, 여옥을 부축해서 부엌으로 간다) 내 핸드백 가져와, (혜옥, 등을 돌린 채 담배만 피우고 있다) 거기 약이 들었어

남 옥 언니 어디 아파?

여 옥 아냐 안정 좀 해야겠어.

(여옥과 남옥, 부엌으로 퇴장. 시동 걸리는 차소리. 혜옥, 창밖을 보다가 황토산 쪽으로 퇴장. 차소리 멀어지면 무호 등장.)

무 호 (혼잣말로) 이번 일만 잘 되면 새 차를 뽑겠어. 근사한 그랜저로. (그의 얼굴은 점점 밝아진다) 명색이 호텔 사장이니 그 정도는 되어야지.

(그는 그가 지을 호텔을 상상하는 모습이다. 조용한 정적. 간혹 부엌에서 들리는 수돗물 소리. 이때, 방에서 아버지의 신음소리.)

아버지 소리 (목 쉰 소리로 애타게) 물! 물! 남옥아! 물! 물!

무 호 (부엌을 향하여) 남옥아! 물을 가져와. 물.

(부엌에서 뛰쳐 나오는 여옥과 남옥. 남옥의 손에는 물그릇이 들려 있다.
그들 함께 방을 향해 황급히 걸어간다. 문을 열고 들어선 그들 앞에 누워있는 아버지. 그는 평화롭게 누워서 허공에 대고 말을 하고 있다. 그는 그들이 들어왔는지 알지 못한다. 빛은 검푸른 빛으로

어두침침하며 무덤 속같은 분위기. 조용한 적막 속에 바람이 불고 있다. 바람에 낙엽이 구르는 소리. 남옥은 물그릇을 든 채 서 있고, 여옥과 남옥도 병풍 옆에 서 있다.)

아버지 (들뜬 소리로) 난 변절하지 않았네. 자네도 알겠지만. 난 아니라고… (여전히 누운 채) 여보. 오랜만이로군. (손을 내밀어 누군가의 손을 잡는 것처럼 허공을 잡는다) 당신은 여전하군 그래. 하나도 늙지 않았어… 그렇군. 당신은 죽을 때 모습 그대로군.
(손을 내리고 거뜬히 일어난다. 병풍 쪽으로 앉아 이야기를 계속한다) 글쎄 난 아직 거뜬하지. 여전히 애들은 사이좋게 지내고…. (도로 자리에 눕는다)

무 호 뭔가 잘못된 것 같군.

남 옥 (다가가 아버지를 흔들며) 아버지.

아버지 ….

여 옥 우리가 지금 뭘 본 거지?

남 옥 (물그릇을 들고 여전히) 아버지. 눈을 뜨세요. 저 남옥이에요.

아버지 (그제서야 눈을 뜨고는) 그래 정옥인?

남 옥 오늘 밤 9시에 온대요.

무 호 저 무홉니다. 괜찮으세요?

아버지 (몸을 일으키려하나 도로 눕는다) 아직 난 괜찮다. (다시 일어나려 한다. 남옥, 그를 부축하여 일으켜 앉힌다) 봐라. 난 다시 일어났으니 괜찮다. 가끔 몸이 말을 안 들을 때가 있다만 잠시니까 염려들 마라.

무 호　병원에 가시지 않겠다면 왕진을 오라 할까요?

아버지　헛수고는 하지 마라. 내 병은 내가 알고 있으니.

여 옥　아버진 미리 알고 계셨군요. 그러면서 어떻게 우리에겐 한 마디 말도 없으셨어요.

남 옥　(무뚝뚝하게) 모두 말할 기회나 줬나 뭐.

무 호　(남옥을 끌어당기며 낮은 소리로) 읍내 해성의원의 박 의원에게 전화를 해서 지금 곧 왕진을 부탁해.

남 옥　박 의원과 아버진 사이가 좋지 않은데….

무 호　지금 그걸 따질 때가 아냐. 자, 어서. (남옥의 등을 밀어 거실로 보낸다)

여 옥　(손수건으로 눈물을 닦고는) 진작 아버지에게 용서를 구할 걸 그랬어요. (목소리가 다시 격양되며) 전 열심히 살아서 아버지가 그이를 훌륭하게 봐주길 바랬어요…. 그런데도 아버진 저를 한 번도 부르지 않았죠. 용서를 구하고 싶었지만… 아버지가 두려웠어요.

아버지　소희가 심장병이랬지?

여 옥　그래요.

아버지　내가 도움을 주고 싶다만. 내게 남은 것은 땅밖에 없으니… 허지만 내가 없더라도 걱정할 일은 아니다. 여기 이 땅이 너희들을 돌봐줄 테니. 소희 병도 고칠 수 있을 테고. 혜옥이, 남옥, 정옥, 그리고 무호 너까지도 도움을 얻을 게다. 단 한 가지 조건이 너희 공동 재산이라는 것도. 그것만 지켜진다면 난 죽어도 여한이 없다.

무 호　땅만 파먹고 지내던 시대는 지났어요. 어디 한 번 동네 사람 다 모아 보세요. 젊은이가 얼마나 되는지. 뭘 하든 이제 농업은 가망이 없어졌어요. 이곳에 젊은 사람들이 무슨 희망을 걸겠습니까.

여 옥　그래도 농사 지을 사람은 필요하지 않니?

무 호　네. 필요하죠. 필요하고 말고요. 그러나 생각해 보세요. 여기 이 땅은 지금 변화를 원해요. 그리고 이 동네 사람들에게도 새로운 일거리가 생길 거라구요. 우리가 움켜잡은 이 땅에 온천이 나온단 말예요. 강 건너 마을 새울엔 벌써부터 별장이 들어서고 최고로 오래된 서원에서부터 웅장한 목조건물의 사찰이 있는 이곳은 예부터 하늘이 내려준 복지라 할 만큼 높고 드넓단 말입니다. 멀지않아 이곳은 전국에서 가장 유명한 관광지 뿐만 아니라 가장 편안한 휴양지가 될 겁니다. 온천이 바로 (손가락으로 방바닥을 가리키며) 여기서 샘물처럼 퐁퐁 솟아난다 이 말입니다. 이런 판국에 계속 농사를 짓다뇨. 시대에 발맞추어야죠. 이 집은 허물어버리고 호텔을 지어야 해요.

아버지　(격분하여) 집을 허물다니!

여 옥　여긴 우리 네 자매 그리고 너도 태어난 곳이야.

무 호　알고 있어요.

아버지　(흥분하며) 안 돼! 그럴 수는 없다. 온천이 들어서면 서서히 파괴될 거다. 너희들의 고향은 사라질 테니 두고 봐라!

여　옥　흥분하지 마세요. 아버지.

무　호　제 말을 끝까지 들어주시지 않는군요. (애원조로) 생각해 보세요. 일 년 동안 농사지은 돈을 한 달만에 번다 이 말입니다 공해에 찌든 도시인들은 이곳을 필요로 하고 있고 우린 그들에게 자연의 휴식을 제공하고 돈을 버는 겁니다.

여　옥　어쨌든 아버진 그걸 원하지 않으시잖니?

무　호　소희가 심장병 수술을 하길 원하시죠? 농사지어서 어느 천 년에 수술을 합니까.

여　옥　그렇다고 무슨 돈으로 호텔을 짓니?

무　호　그건 아버님만 결정하면 간단히 해결될 문젭니다. 황토산만 팔면.

아버지　(더욱 격분하여) 나가! 지금 당장 나가!

무　호　그렇게 하죠. (나가려 하다가 되돌아선다) 전 이 집안의 불행이었습니다. 제 뜻은 아닙니다만.

여　옥　그만해! (무호의 뺨을 때린다)

아버지　(숨 넘어갈듯) 저. 저. 저. 놈. 이.

여　옥　진정하세요. 숨을 크게 쉬시고요. 천천히.

(무호, 밖으로 퇴장하고 여옥, 쓰러지려는 아버지를 부축하며 암전.)

제 4 막

1막과 같은 무대. 다만 빛은 사라지고 깜깜한 밤. 뒷산은 희미한
형체만 보일 뿐. 가끔 귀뚜라미 우는 소리 적막하게 들린다.

무대 밝아지면 소파 위에서 잠들어 있는 남옥. 문이 열리는 소리
와 바람소리. 곧 조용해지면 정옥이 등장. 정옥은 청바지와 점퍼차
림에 짧은 머리. 어깨에 맨 배낭을 바닥에 끌어내려 놓고 주위를
한 번 훑어 본다. 잠들어 있는 남옥의 얼굴을 찬찬히 훑어 본 뒤
에 아버지가 누워 있는 왼쪽 미닫이 방문을 열고 퇴장. 떨그럭거
리는 그릇소리. 냉장고 문을 여닫는 소리 들리더니 정옥은 손에
떡을 들고 나오며 먹는다. 잠시 남옥이 옆에 앉아 떡을 먹으며 남
옥을 내려다보고 있다. 그러더니 다시 아버지가 누워 있는 방으로
퇴장.

잠시 후 절뚝거리는 발자국 소리. 이윽고 비틀거리며 혜옥 등장.
그녀는 굽이 빠진 한족 구두를 손에 들고 있다. 몹시 지친 모습.
스위치를 찾아 불을 켠다. 눈이 부신 듯 한동안 서 있는 혜옥. 한
쪽 구두를 밖으로 집어 던진다. 그 소리에 놀란 남옥, 그제서야 일
어난다. 혜옥 가방에 걸려 넘어진다.

혜 옥 빌어먹을! 이건 또 뭐야. (가방을 차서 한쪽 구석으로 몰아 넣으며) 정옥인?

남 옥 몰라… (하품을 하며) 깜박 잠들었나봐. 정옥이 걘 아직도 안 왔어. 그나저나 언닌 그동안 어디 있었어?

혜 옥 완전히 미친 짓이야. 내가 왜 갔는지 모르겠어.

남 옥 어디?

혜 옥 뒷산 느티나무 아래.

남 옥 (소스라치게 놀란다) ….

혜 옥 (고개를 절레절레 흔들며 소파에 털썩 주저앉는다) 이리와서 내 다리 좀 주물러줘, 아마 지금쯤 엄마처럼 되었을지도 몰라.

남 옥 (다가와서 다리를 주물러주며) 주, 죽으려고 했어?

혜 옥 (어깨를 가리키며) 여기. (남옥, 어깨를 주무르며 계속 혜옥의 얼굴을 쳐다본다) 아, 살살… 난, 쉽게 무너지지 않아. 이런 건 아무것도 아냐. (담배를 꺼내 불을 피우려 하나 손이 떨려 안 된다. 남옥, 불을 붙여 준다) 고마워… 난 생각이 바뀌었어.

남 옥 (조심스럽게) 무, 무슨 생각?

혜 옥 (일어나려다 도로 주저앉는다) 이 언니는 그렇게 호락호락한 사람이 아니야. (연기를 뿜어내며) 황토산은 기막히게 아름다웠어. 얼굴이 붉게 타고, 목이 타고, 가슴이 타들어 갔지. 난 황토산을 파는 데 동의하지 않겠어!

남 옥 (안도의 한숨을 내쉬며) 아! 다행이야. 난 그런 일은 생각도 못했어. 근데 왜 거길 갔어.

혜 옥 나도 몰라. 정신 차려보니 나무 아래였어.

남 옥 안 무서웠어?

혜 옥 응. 편안했어. 결국, 죽는다는 거 얼마나 위로가 되는지 몰라. 너도 죽고, 나도 죽고. 세상 사람들 모두 죽을 수 있다는 거.

남 옥 아, 그런 얘기 하지 마.

혜 옥 참, 정옥인 언제 올 거지?

남 옥 (두 사람 동시에 구석에 있는 가방을 본다) 왔나 봐. (재빨리 가방을 들어 올리며) 정옥이 거야.

(이때 정옥이 등장.)

정 옥 안녕들 하시오.

혜 옥 (다가가서 얼굴을 두 손으로 받쳐들고) 이게 정말 막내니?

정 옥 (혜옥의 허리를 안으며) 언니 여전히 이뻐.

남 옥 (무대 밖으로 나갔다가 되돌아오며) 문을 잠가. 저녁은 먹었니?

정 옥 차 안에서 먹었어. (가방을 발견하고) 참 잊을 뻔했네. 언니들 선물 줄게.

혜 옥 선물?

남 옥 여전하구나. 이런 도깨비.

정 옥 (모두 소파에 앉히며 가방에서 선물을 꺼내 먼저 혜옥에게 준다) 여전히 언니 머리가 길 거라 생각했어.

혜 옥 이건 뭐니?

남 옥 어서 풀어봐.

정 옥 (다른 선물을 꺼내며) 이건 언니 거.

남 옥 내 것도?

혜 옥 어머 이건 머리핀이야. (머리를 들어 올린다)

남 옥 난 루즈를! (뚜껑을 열고 거울로 뛰어간다. 한 번 바른다) 분홍
색 루즈구나.

정 옥 (손목시계를 한 번 보고는) 여옥 언닌 잠에 골아 떨어졌던
걸. 부엌엔 무호 오빠가 술에 취해 잠들었고.

남 옥 말도 마. 아버진 거의 기절할 뻔했어. 무호 오빤 너무해.
이 집을 허물고 여기다 무슨 호텔을 짓는다고 했거든.

혜 옥 호호 무슨 신전을 짓는다고 않든?

남 옥 어쨌든 나랑 한판 붙었지. 내가 막 덤벼들었거든. (주먹으
로 손바닥을 치며) 오빠만 아니었어도 박살을 내는 건데.

정 옥 무슨 일이야?

남 옥 넌 황토산을 팔겠다면 동의하니?

정 옥 난 아버지 말만 따르겠어. (또 하나의 선물을 꺼내놓으며) 이
건 큰언니 거. 소희 운동화야. 맞을지 모르지만.

남 옥 아버진?

정 옥 벌써 드렸어. 곧 겨울이 올 테니까 털모자를 드렸어.

혜 옥 어쩜 우리 정옥이가 이렇게 세심한 줄 난 몰랐어. 그리
고 보니 넌 엄마를 무척 닮았구나. 어릴 땐 그저 눈만 커
다랗더니 이렇게 가냘픈데 어떻게 네가 쫓기는 몸이 되
었니.

정 옥 (무감각한 목소리로) 언니 난 엄말 기억 못해. 내가 제일 안

타까운 건 그런 소릴 들을 때거든. 그리고 난 내가 쫓기는 몸이라는 것에 신경쓰지 않아. 왜냐하면 난 죄가 없어. 그러니까 크게 걱정할 일은 아냐.

혜 옥   그럼 왜 널 잡지 못해 안달을 하니?

정 옥   글쎄. 어리석은 짓이지. 그건 누구의 사주를 받아 일으킨 파업이 아니거든. 단지 근로자들 스스로가 깨달은 것뿐인데. 내가 쫓기는 건, 단지 대학졸업생이라는 사실뿐이야.

혜 옥   넌 하필이면 공장엔 왜 갔니?

정 옥   공장? 취직이 안 돼서… 음 또 하나는 난 단순노동이 좋아. 머리써서 돈 벌어먹는 일은 안 할 거야.

남 옥   그럼 대학은 왜 나왔어.

혜 옥   정말, 이해할 수 없구나.

정 옥   별일 아니니 걱정 마. 쳇, 날 잡아서 어쩌자는 건지.

혜 옥   아니 얘야. 죄도 없는데 왜 쫓겨다니니. 차라리 붙잡혀서 사실을 밝히면….

정 옥   끈질기게 물어댈 텐데 할 말이 있어야지. 그리고 귀찮단 말야.

혜 옥   그래도 언제까지.

정 옥   (시계를 보며) 난 이제 그만 가봐야겠어.

남 옥   어딜?

정 옥   머뭇거릴 새가 없어.

혜 옥   아, 깜빡 잊었구나.

남 옥   걱정마. 이미 문단속을 끝냈으니까. 잠깐만 큰언닐 보고 가자.

정　옥　됐어. 깨우지마. 분명 큰언닌 날 붙잡고 못 가게 할 거야. (가방을 짊어진다)

혜　옥　그럼 어디로 가니?

정　옥　자주 연락할게. (나간다)

혜　옥　잠깐. 잠깐만 기다려. (지갑에서 돈을 꺼낸다) 이거 얼마 안 되지만 도움이 될 거야. 참 역전까지 차 태워 줄까?

정　옥　(돈을 받아들고) 고마워. 하지만, 밖에 친구가 있어.

혜　옥　들어오지 않고?

정　옥　가야 해. 당분간 시간이 지나면 모두 해결될 거야. 죄 지은 건 아니니까.

남　옥　어디 가는지 말해 줄 수 있니?

정　옥　전화할게.

(그때 무호가 등장. 정옥 멈춰서고 혜옥 짧은 비명을 지른다. 서서히 밝아오는 새벽하늘.)

무　호　왜 그렇게 놀라? (정옥에게) 아니 이게 누구야?

정　옥　안녕하세요?

혜　옥　깜짝 놀랐잖아.

무　호　놀라긴 왜 놀래? 죄도 안 지었는데 왜 도망다니고 그래.

정　옥　도망다니는 게 아니에요.

무　호　그럼, 유랑하냐? 너가 어디 집시 여인이냐?

남　옥　그만 가야 해요.

무 호   안 돼. 너가 가면 일이 지연돼.

혜 옥   무슨 말이지?

무 호   (말을 돌리며) 내 말은, 그러니까 편하게 살자 이 말이지.

정 옥   고마워요.

(정옥, 가방을 끌고 퇴장. 남옥도 뒤따라 간다.)

무 호   성옥아!

혜 옥   이제 네 속셈을 알겠어.

무 호   허허. 그건 또 무슨 소리지?

혜 옥   (자리에서 일어나 부엌으로 가며) 그만 하자구. 나도 머리가
        아프니까. 두통약이나 먹고 한숨 자야겠어.

(부엌으로 퇴장하는 혜옥. 무호 재빨리 수화기를 들고 전화를 건
다. 통화중인지 다시 번호를 누른다. 통화중. 수화기를 든 채.)

무 호   빌어먹을! 정말 답답해. 이 일을 어쩐다. 서둘러야 하는
        데.

(무호, 안절부절하고 있는 동안 물컵을 든 혜옥과 밖에서 들어오
는 남옥. 얼른 수화기를 내려놓는 무호.)

남 옥   (갑자기 생각난 듯) 지금 경찰에 전화한 거죠?

혜 옥   (천천히 물을 마시며) 그래. 그럴 수도 있을 거야.

무 호   공연히 사람 의심하지.

남 옥   (흥분하며) 말해요! 어디다 전화했어요!

무 호   어, 어, 눈에 뵈는 게 없어?

혜 옥   구렁이 같은 놈! 장 형사를 끌어들인 건 너야.

무 호   여자들이라 할 수 없군.

남 옥   흥! 나보다 잘난 게 뭐 있어요.

무 호   입 다물어!

남 옥   기껏 차고 나온 것 밖에 없으면서

무 호   (남옥의 뺨을 때린다)

혜 옥   (차갑게) 그게 너의 특권이니?

무 호   오늘 이 정도로 하겠어. 두고 보라고! (밖으로 퇴장)

(이때 왼쪽 방문에 불이 켜진다. 이윽고 여옥의 소리.)

여 옥   아버지. (다급하게) 아버지!… 혜옥아! 남옥아! 아버지가
        (울먹이며) 아, 아, 아버지가… 돌아가셨어.

남 옥   (멍하니) 뭐라고… (방으로 다급하게 퇴장)

남옥의 소리   (오열을 터뜨리며) 아버지!

혜 옥   아, 악몽이야. 악몽.

(암전, 사이. 태양이 눈부신 밝은 가을 아침. 무대 밝아지면, 1막의
택시 기사 혼자 앉아 있다. 박 의원을 태우고 온 모양. 방에서 남
옥 물그릇을 들고 등장. 검은 작업복을 입고 있다. 주춤 섰다가 무
대를 가로질러 부엌으로 퇴장하려 한다.)

택시 기사 (엉거주춤 일어나며) 저, 어 얼마나 충격이 컸습니까. 참 좋은 어른이셨는데.

남 옥 (목쉰 목소리로) 고맙습니다. (부엌으로 계속 간다)

택시 기사 그, 그럼 농사는 누가… (남옥, 대답없다. 망설이다가) 저 장례가 끝나면, 저, 읍내 청실홍실 다방에서… 차를 마시고 싶은데요… 진작 말씀드리고 시, 싶었는데….

(남옥, 부엌으로 도망치고 없다. 택시 기사, 서성거리다가 부자연스럽게 의자에 앉는다. 이때 방에서 상복을 입은 무호와 여옥 그리고 비만인 박 의원과 간호원이 등장.)

무 호 (인사하며) 전 이만. 안녕히 가십시오.

박 의원 (같이 고개를 숙이며 숨가쁘게) 고인을 좀더 일찍 찾아뵙지 못한 걸 용서하시오.

여 옥 안녕히 가세요.

(택시 기사 일어나 간호원에게서 왕진가방을 받아든다. 간호원, 박 의원을 부축하며 퇴장. 시동 걸리는 차소리. 이윽고 멀어지는 차소리. 무호 방으로 퇴장. 잠시 후 상자를 들고 나온다. 여옥 망연자실 서 있다.)

무 호 (상자를 탁자 위에 놓으며) 누님 이것이 뭔 줄 아십니까?

여 옥 (맞은편 의자에 앉으며) 그건 아버지가….

무 호 그래요. 여기 집문서, 땅문서 모두 들어있습니다. 이 집의 네 자매와 그리고 저의 이름 이렇게 공동명의로 말입니다.

여 옥 (분노에 떨며) 무슨 짓이니. 저 방엔 아직도 아버지가.

무 호 (말을 가로채며) 네. 알아요. 중요한 건 앞으로 당장 이 집을 팔 수 없다는 사실입니다. 정옥인 무사해요. 그애가 와야 하는데 어디가서 그앨 찾아옵니까. 당분간 아무것도 할 수 없어요.

여 옥 (폭발하며) 너 때문이야. 너 때문에 아버진 돌아가셨어. 너의 고집 때문에 그 잘난 고집 때문에!

무 호 (침착하게) 진정하세요.

여 옥 진정하라니. 처음부터 이 집엔 양자가 필요없었어.

무 호 전 누님의 사촌이기 이전에 이복형제란 말입니다!

여 옥 그만! 제발 닥치지 못해!

(모두 한순간 충격을 받고 침묵을 지키고 있다. 여옥, 털썩 주저앉는다.)

혜 옥 (침묵을 깨며 떨리는 소리로) 이 집안은 무슨 광기에 사로잡힌 거로군. 우린 아무도 미워할 수 없어. (담배를 찾아 꺼내 문다. 떨리는 손으로 몇 번인가 불을 붙이려 하나 자꾸만 헛수고만 하다가 겨우 불을 붙인다) 사실 나도 알고 있었어. 어차피 모르고 지내는 것보다 알면 더 나은지 몰라. 그렇게 되면 상처는 더 빨리 치유될 테니까… 중요한 건 우린 모두 이 집안의 핏줄이라는 거야.

여 옥 그만. 그만들 해.

혜 옥 언니도 알고 있었어.

여 옥 (간신히 몸을 지탱하며) 모든 건 그분들의 형벌이야. 삼촌이 돌아가신 다음 해에야 무호가 태어났으니까. 바로 이 집에서 숙모는 무호를 낳았어. 어머닌 아버질 용서했어. 그러나 결국 어머닌 아버지에게 복수를 한 셈이지. 자살로써 말야. (냉정을 되찾으며) 어머닌 결국 아버지가 죽인 거야. 난 다 들었거든. 어머니가 자살하던 날 아버지와 싸우던 소릴. 난 그때부터 아버질 증오했어. 그리고 저 시체가 우글거리는 황토산도 함께 증오했지.

(이때 전화벨이 울린다. 아무도 전화를 받지 않는다. 남옥, 망설이다가 전화를 받는다.)

남 옥 여보세요?… 네?… 그게 우리하고 무슨 상관이에요… 네? 다행이네요… 그래요. 잘됐다구요! (수화기를 쾅 내려놓는다) … 장 형사예요. 거짓말이래요. 온천이 나온다는 말 뜬소문이래요.

여 옥 (벌떡 일어나며) 뭐라고? 아니 누가 그런 거짓말을!

남 옥 놀라지 마 언니. (무호를 쳐다본다. 모두 무호와 남옥을 번갈아 본다)

무 호 그래, 내가 했어. 보잘 것 없는 땅값 좀 올려 보려고 말야. 흐흥. 나도 꿈 한 번 꿔봤지. 하하하.

(여옥, 그 자리에서 쓰러지고 남옥과 혜옥 달려가면서 암전.

사이.

무대 밝아지면, 텅 빈 거실. 비바람이 불기 시작하는 오후.

잠시 후 방에서 나오는 여옥과 혜옥. 그들은 평상복으로 갈아 입었다.

여옥은 처음 등장하던 때처럼 같은 옷차림.

혜옥의 트렁크를 들고 나오는 남옥.)

남 옥 택시 타고 가 언니.

여 옥 아냐. 괜찮아. 버스 탈 거야. (남옥에게) 네가 여기 남아 있겠다니 다행이야.

남 옥 (여옥의 손을 잡으며) 소희와 형부 다들 함께 와요. 언니. (탁자 위에 보따리를 주며) 이거 언니, 된장 고추장이야.

여 옥 (울먹이며) 그래 고맙다. (주위를 둘러보며) 다시 오려면 또 오랜 시간이 걸리겠구나. (혜옥에게) 이제 넌?

혜 옥 정리할 게 남아서. 내 나이 아직 사십도 안 되었는데. 뭔가 새로 시작해 보려고 그래. 아버진 정말 현명하셨어. 하지만 언젠가 무호도 깨닫게 되겠지. 아직 때가 이른 것 뿐. 모두들 다시 이곳에 돌아올 때가 있을 거야.

여 옥 그래, 서너 달 고생하면 무호도 풀려날 거야. 그런 터무니 없는 거짓말을 하다니.

혜 옥 (남옥의 손을 잡고) 귀여운 내 동생. 넌 마치 든든한 애인 같구나. 내가 돌아올 때까지 건강해라.

남 옥 (울먹이며) 언니들 잘 가요. 잘 가요.

(여옥, 혜옥 퇴장, 남옥 멀어지는 차소리를 들으며 혼자 거실에 남아 있다. 침묵을 지키고 비바람 소릴 듣는다.)

남 옥 (침묵을 깨며) 다행이야. 장례식을 끝낸 다음에 비가 내리니. (목소리를 당당하게 하려고 애쓰며) 그렇게 많은 사람이 다녀 갈 줄은 몰랐어. 한 번도 본 적이 없던 사람들. (왈칵 치미는 울음을 억누르며) 다행이야. 언니들도 이곳을 사랑하고 있었으니… 그리고 언젠가 다시 돌아올 거고… 나도 (얼굴이 붉어진다) 곧, (시계를 본다) 아, 서둘러야겠어. 약속시간에 늦겠어. (급히 퇴장. 노랫소리와 함께 서서히 암전) 내 마음은 호수요. 그대 노저어 오오. 나는 그대의 흰 그림자를 안고 옥같이 그대의 뱃전에 부서지리라. 내 마음은 촛불이요. 그대 저 문을 닫아주오. 나는 그대의….

(완전한 암전 속에 비바람 소리.)

— 막.

열차를 기다리며

등장인물

사내	40대 후반
여자	30대 후반. 창녀. 기억상실자
청년	20대 초반의 대학생
역부	40대 후반으로 제복을 입었음

무대

차역의 대합실. 무대 왼편으로 개찰구. 무대 뒤쪽에는 요금과 기차시간이 적혀 있는 타임테이블이 엉성하게 붙어있고 그 아래 매표를 하는 창구가 하나 있다. 무대 중앙에는 긴 나무 의자가 둘 놓여 있으며 사람이 앉을 때마다 삐걱거린다. 무대의 전체적인 분위기는 어둡고 탁한 색이며 음침하고 썰렁하다.

막이 오르면 무대에는 아무것도 보이지 않는 어둠만이 있다. 빗소리가 요란하게 들리고 가끔씩 창문이 덜컹거리는 소리가 난다. 바람소리, 무대로 누군가가 나타난다.

역 부 (중얼거리듯이) 하늘이 단단히 노했나 보군. 이러다간 40
일 채우고 말 거야. 번개 치고 천둥 치고 장대비 가랑비
시도 때도 없이 비가 내리니… 결국 물바다가 되고 말
겠군.

(발자국 소리. 성냥 켜는 소리와 함께 무대는 촛불에 의해 밝아진
다. 촛불을 든 뚱뚱한 역부.
앞 의자에는 초라하게 보이는 사내가 소주를 마시고 있다.)

역 부 (놀란 듯 촛불을 사내의 얼굴 가까이 비추고는) 손님이 계신 걸
몰랐군요. 어둡지 않소?
사 내 그 촛대나 내려놓으시오.
역 부 (촛대를 의자에 놓으며) 대단한 폭풍이라더군요. 아 글쎄 간
밤엔 댐이 무너져 도시가 온통 물에 잠겼다는군요. 이곳
은 산골짜기니까 물에 잠길 염려는 없지만 산사태라도
난다면 이런 역사는 우습게 먹어치우고 마니까요.
사 내 (술을 마신다)… 열차는 언제 옵니까?
역 부 (의자에 앉으며) 곧 올 겁니다. 그런데 손님은 어디까지 가
십니까?
사 내 매일 물으시는군요.
역 부 (자신의 이마를 치며) 아, 바다라 했지요. 바다라면 이 기차
의 종착역에 있지요. (시계를 보며) 열차가 벌써 세 시간째
연착이군요. 그동안 이곳에서 계속 혼자 있었소?
사 내 (잔을 내밀며) 언제나 그랬지 않소.

역 부 아, 네. (잔을 받는다)

사 내 (역부의 잔에 술을 따른다)

역 부 오늘은 열차가 도착할 겁니다.

사 내 벌써 삼 일째요.

역 부 아니, 사 일쨉니다. 통신이 모두 끊겼지요. 간간히 연락
이 되지만 그때마다 열차는 출발했다고 하거든요. (술을
마신다) 크윽. 손님과 마시는 술맛은 참 묘해요. (사이) 동
물의 생피를 마신 것 같거든요.

(어깨를 들썩이며 힘없이 웃는 사내. 역부가 의자 위에서 몸을 움
직이자 의자가 삐걱거리며 촛대가 흔들린다.)

역 부 이놈의 의잘 스무 번도 더 고쳤을 거예요. 이젠 나도 지
쳤어요. (의자를 발로 툭툭 치며) 땔감이나 해야지요. (사이.
생각난 듯) 근데 손님은 바다엔 뭣 하러 갑니까?

사 내 … 배를 탈까 해서요.

역 부 배? (사이) 물 위에 떠서 살고 싶지는 않소. 사람은 땅 위
에서 살아야지. 비록 하루에 몇 번씩 세수를 하더라도
이런 탄전에서 사는 게 맘 편하다우. 사람 사는 곳이 어
딜 가든 그렇고 그렇지만 말이요.

(사내가 빈 컵에 소주를 부으려 하자 역부가 병을 가로채며 사내
에게 술을 따른다.)

역 부 (사내를 자세히 훑어본다) 아무리 생각해도 여기 탄전 사람 같지는 않은데….

사 내 ….

역 부 얼굴을 모른다 할지라도 이곳 사람인지 아닌지는 느낌 으로 얼마든지 알 수 있지요. 나는 이곳에서 잔뼈가 굵 은 사람이요. 아침에 일어나서 이 산촌을 나가고 들어오 는 사람들의 얼굴을 찬찬히 들여다보면 한 가지 공통점 을 찾을 수 있지요. 매일 같은 사람들이지만.

사 내 (역부의 얼굴을 쳐다본다)

역 부 (미소를 지으며 조용히) 색깔이지요. 손님, 푸른곰팡이를 본 적이 있습니까?

사 내 (고개를 젓는다) 잊어버렸어요.

역 부 어쨌든 그런 색깔이지요. 이곳에선 몇 번씩 사고가 나 요. 아니면 몇 달 뜸해서 한꺼번에 수십 명의 사람이 죽 어요. 원래 탄광촌이란 그렇지 않습니까? 요즘은 설비 가 잘 돼 있어서 덜하지만 옛날에는 툭하면 사고였지요. 더구나 날씨까지 이렇게 속을 썩힌다면 말입니다. (생각 이 잘 나지 않는 듯) 손님, 제가 뭘 말하려고 했지요?

사 내 푸른곰팡이.

역 부 푸른곰팡이의 색깔이지요. 아마 모두들 죽음의 색깔을 이야기한다면 검은색이나 흰색 아니면 그 중간색인 회 색, 뭐 이런 생각을 하지요. 그러나 푸른곰팡이야말로 그 죽음의 색깔을 나타낸다고 나는 생각합니다. 그건 뭐 랄까 (사이) 생활이지요. 죽음이 항상 같이 공존하는 생활. 음… (들뜬 표정으로) 내 아들의 비유를 든다면 희망적인 삶, 그거지요.

사 내 (고개를 숙인 채) 아들이 있소?

역 부 그럼요. 아주 똑똑했어요. 어렸을 땐 다들 신동이라 했지요.

사 내 지금은?

역 부 예?

사 내 지금도 여전히 똑똑하냔 말이요.

(천둥이 치면서 무대 뒤편에서 요란한 바람소리가 들린다.
사내와 역부는 잠시 무대를 둘러본다. 침묵.
무대가 조용해지면 빗소리가 아득하게 들린다. 간간히 역사 지붕에서 떨어지는 낙수소리.)

역 부 (침울한 목소리) 그애는 시인이 되고 싶어 했어요. 아니 그앤 시인이었죠. 나는 반대했어요. 예술가란 아주 사소한 일에도 상처를 받으니까요. (침묵) 난 그애가 다치는 게 무서웠어요.

사 내 아들은 어디에 있습니까?

역 부 (놀란 모습으로) 집에 있어요. 아 다행이군요. 그애가 집을 못 나가도록 문을 잠궈 놓고 나왔어요. 깜박 잊을 뻔 했었는데.

사 내 문을 잠그다니요? 무슨 말입니까?

역 부 (다시 침울한 목소리로) 내가 또 실수를 하는군요. 아들 이야기를 되도록 하고 싶지가 않아서요. 아주 어렸을 때 똑똑하고 귀여운 모습 외에는… 그런데 그애는 병들어서 돌아왔어요. 사 년 전 (개찰구를 가리키며) 저곳을 나갈 때 이 탄전에서 처음으로 서울 명문대생으로 합격되었었죠. (일어나 개찰구로 천천히 걸어가며) 승강장에 서 있던 그애의 모습이란 지금도 눈에 선해요. 이마가 하늘에 닿아 있다고 착각될 정도로 훤칠한 키였죠. 환하게 웃으며 서울로 갔어요. 마치 태양처럼 말입니다.

사 내 지금은 병들어 폐인이 다 되어 방구석에 처박혀 있단 말씀이죠.

역 부 (사내를 노려보며) 아직 폐인은 아니요. 단지 몇 달만, 몇 달만 꿈을 꾸고 있을 뿐이지.

사 내 (피곤한 듯 의자에 드러누우며) 돼지꿈이라도 꾼단 말이요?

역 부 (관객 쪽을 향하여 멍청하게 서서) 무서운 꿈을 꾸고 있어요. 밤마다 그애는 비명을 질러요. 탄탄대로라고 생각했던 그애의 앞날이 무너지는 소리죠.

사 내 (누운 채) 어딜 가든 그런 소리는 여러 번 듣는 일이죠. 당신 아들은 미쳤소?

역 부 (놀란 듯 큰 소리로) 미치다니, 누가 미칩니까?

사 내 당신 아드님. 너무 공부를 많이 해서 (이마에 손가락으로 원을 그리며) 돈 게 아니오?

역 부 그앤 미치지 않았어요. 내가 아무리 산골 무지렁이지만 자식놈 깊은 속뜻을 왜 모르겠습니까? 난 그애를 믿어요. 그애가 옳다고 생각하고 있어요. 그러나 그애만은 세상의 깨끗지 못한 것과 부딪치지 않고 순조롭게 크길 바랬지요.

사 내 (일어나 앉으며) 그러면 다 큰 아들을 뭣 때문에 방에 가두어 둡니까?

역 부 (사내에게 다가가며) 광부가 되겠대요.

사 내 보기 드문 청년이군요.

역 부 나는 그애를 이해할 수 없어요. 그 일만은. (의자에 앉는다) 내가 대학까지 보낸 건 이 탄전의 섬은 물을 더 이상 보지 않게 하기 위해서죠.

사 내 굽은 나무가 선산을 지키는 법이죠.

역 부 그앤 굽은 나무가 아니요. 튼튼한 재목이 되어야 할 곧은 나무란 말이요.

사 내 천재는 단명하죠. (술병을 거꾸로 흔든다) 지금도 아드님은 시를 씁니까?

역 부 시를? 예, 그앤 시를 쓰죠. (개찰구를 보며) 자주 여기에 앉아 나처럼 개찰구를 바라보며 앉아 있곤 했어요. 그애가 말했어요. 사람들의 얼굴에 푸른곰팡이가 피어 있다고요.

사 내 제 얼굴엔 푸른곰팡이가 없다 그 말씀인가요?

역 부 (그제서야 생각이 난 듯) 손님은 어디서 오신 분인가요? 이 탄전엔 무슨 일로 오셨습니까?

사 내 소주를 더 마실 수 없겠소?

역 부 술이 센 편이군요. 벌써 다섯 병이나 마셨으니, 열차를 타시거든 마시죠.

사 내 벌써 며칠이 지났는지 아시겠소? 열차가 출발하지 않았
다면 기다리지나 않지. (사이) 숨막히는 일이오. 기다린
다는 건 정말이지 죽음만도 못해요.

역 부 그러나 느긋하게 기다려야 해요. 이것저것 생각하면서
구경하면서 혹은 꿈꾸면서.

사 내 그렇게 몽롱하게 기다릴 여유가 내겐 없소.

역 부 그래도 손님은 대단해요. 아무도 없는 이 어두운 역사에
혼자 긴 시간 동안 앉아 있었으니 말이오. 그래 이 탄전
에 무슨 일이오?

사 내 (피곤한 듯) 찾아야 할 사람이 있어서죠.

역 부 사람을, 그래 찾았습니까?

사 내 이 잡듯 샅샅이 뒤져 보았죠. (사이) 만날 운명이 안 되나
봅니다.

역 부 말만 하시면 이곳 사람들이야 한 시간 만에 찾을 수 있
을 텐데. (사내 곁에 바짝 다가앉으며) 여자요, 남자요?

사 내 여잡니다.

역 부 (고개를 갸웃거리며) 낯선 여자를 본 적은 없는데… 부인이
요?

사 내 (머뭇거리며) 아, 아내지요.

역 부 손님은 오랫동안 어딘가 멀리 떠나 있었나 보군요.

사 내 그랬지요. 그동안 세상은 참 많이 변했어요.

역 부 (조심스럽게) 외국에 있다가 돌아오신 건가요?

사 내 그렇게 보이오? 어딜 가 있었든 간에 나는 십오 년 동안
내 청춘을 그곳에 매장시키고 왔지요.

역 부	청춘을 매장시킨다…. (침묵)

역 부 청춘을 매장시킨다…. (침묵)

사 내 많은 시간이 흐르고 난 뒤 결국 남은 것이란 내가 기다려온 것들에 대한 배반감뿐이더군요.

역 부 무얼 기다리셨나요?

사 내 허허… 우습게 생각할지도 모르겠군요. (사이) 내가 믿어왔던 이념들이죠. 젊다는 것은 가슴 속에 활화산을 가지고 있는 것인지도 모르지요.

역 부 그래요. 젊음은 무서울 게 없죠. 그렇게 곱고 심약하던 내 아들도 한 번 일어서면 무섭게 일어서니까요.

사 내 (고통스러운 듯 자리에서 일어서며) 나는… 당신이 부럽소.

역 부 저 말입니까?

사 내 그렇소.

역 부 하하하… 손님, 사실 남들한테 그런 소릴 많이 들었죠. 모두 아들 덕분이랍니다. 그런데 참, 손님은….

사 내 후훗, 나는 내 삶의 반을 매장 당한 사람이요.

역 부 아주머니와 소식이 끊긴 지는 오래됩니까?

사 내 주소를 들고 찾아갔는데 이미 그녀의 행방이 묘연하게 된 지 오 년이 넘었다는군요. 풍문만 쫓아서 여기까지 오긴 왔지만. (사이) 지금쯤은 가정을 이루고 살겠지요. … 며느리를 보실 생각은 없으신가요?

역 부 아직 그애는 멀었다고 고집을 부리지요.

사 내 맘에 들어하는 처녀가 있다고 할 때는 결혼시키세요. 말년엔 역시 손자들 재롱에 산다고들 하더군요. (쓸쓸하게 웃는다)

역　부 (실없이 웃으며) 마음 하나는 착한 녀석이죠. 불의를 보면 참지 못하는 게 잘못이라면 잘못일까.

사　내 광부가 되는 것을 말릴 생각이오? (개찰구 쪽으로 걸어간다)

역　부 그건… 그러나 다른 일을 할 수도 있지요. 공무원이라도 될 수 있다는 얘기죠. 그애가 굳이 광에 들어가겠다는 걸 이해할 수 없다 그 말입니다. 지 할아버지가 철로를 놓다가 돌아가신 그 갱 속으로… 차라리 방 안에서 시나 쓰는 게 낫지요. 손님은 그렇지 않습니까?

(사내, 개찰구 앞에 선다. 조용한 가운데 낙수소리, 빗소리는 더 이상 들리지 않는다. 어두운 곳에서 사내는 역부 쪽에 등을 보이고 있다.)

사　내 아드님은 현실에 맞는 시를 쓰고 싶어 할 거요. 정신만으로는 큰 오류를 범할 수가 있어요. 나도 젊은 날 옳다고 생각한 것에 불나비처럼 뛰어들었지요. 그러나 난 현실을 너무 우습게 본 것이죠. 결국 깨달은 건 순리대로 살아야 한다는 사실이었죠.

(역부, 주머니에서 시계를 꺼내 촛불 아래서 유심히 들여다보고는 피곤한 듯 의자에 기댄다. 의자가 심하게 삐걱거린다.)

사　내 그 사실을 깨닫기에는 너무 늦었다는 생각이 들어요. 좀 더 일찍 모든 현실에 순응했더라면 이야기는 좀 달라졌을지도 모르지요.

(멀리서 기적소리가 난다. 역부, 벌떡 일어나 재빨리 모자를 쓰고는 개찰구 쪽으로 간다.)

역 부 아, 드디어 오는군요. (하늘을 보며) 이놈의 태풍이 그칠 때도 됐죠.

사 내 (의자로 가서 가방을 들고 혼잣말로) 밤이 끝나면 새벽이 오고 한낮이 끝나면 또 다시 저녁이 오듯이 알 수 없는 거지. 모진 목숨, 만나지 못한 인연, 살아있는 한, 기다림을 포기하는 것은 아직 이르지.

역 부 손님 어서 나오십시오.

(역부. 무대 밖으로 사라진다. 황급히 뒤를 따르는 사내의 초췌한 등. 점점 가까이 들려오는 기차소리. 기적을 울리며 기차가 멈추지 않고 지나가는 소리. 그와 함께 무대 갑자기 밝아진다. 무대는 노란 불빛에 싸여 있다. 무대 오른편에서 한 청년이 등장한다. 뒤이어 천박하게 옷을 입은 여자가 따라 나온다.)

청 년 (관객을 향하여) 이제야 정전이 끝난 모양이군.

여 자 (청년의 옷자락을 끌며) 에이, 오늘밤만 같이 있자니까.

청 년 참, 언제 또 쫓아왔어요. 난 정말 같이 있고 싶지가 않단 말예요.

여 자 돈 받지 않는다고 했잖아요. 며칠 동안 열차가 오지 않아서… 그래서 울적하고….

청 년 아버지 보시면 내가 곤란해요. 그러니 (여자에게서 멀리 떨어져 나와 뒷자리에 앉는다) … 미안해요.

여 자 (입을 삐죽거린다) 당신은 샌님이야. 아직 어린애라구.

(청년, 점퍼 주머니에서 시집을 꺼내 펼친다. 여자, 촛불을 불어 끄고는 청년을 물끄러미 바라본다.)

여 자 (혼잣말로) 모를 일이야. 내게 이런 감정이 살아나다니. (관객을 향하여) 이곳 생활은 지긋지긋해. 언제고 떠나고 싶어 몸살이 날 지경이었지. 이젠, 그렇지 않아. 나를 붙드는 것이 있어. 그것이 무엇인지, 너무도 오랫동안 잊고 있어서 그게 무엇인지 잘 생각이 안나. 다만 가슴이 따뜻해지고, 그러면서 조금씩 손끝이 떨려오지. (조심스럽게 청년이 앉은 의자 뒤에 선다. 청년은 시집에 몰두한 채 알아차리지 못한다)

여 자 (어깨 너머로 시 구절을 읽는다) 하늘의 무지개를 볼 때마다 내 가슴 설레느니, 나 어린 시절에 그러했고 다 자란 오늘에도 매한가지, 쉰, 예순에도 그렇지 못하다면….

청 년 (뒤를 잇는다) 차라리 죽음이 나으리라. 어린이는 어른의 아버지. 바라노니 나의 하루하루가 자연의 믿음에 매어지고자. 워즈워드라는 시인의 〈무지개〉라는 시지요.

여 자 (재빨리 청년 옆에 앉으며) 무지개를 본 적이 있으세요?

청 년 물론이죠. 어렸을 때 여러 번 봤어요. 무지개를 잡기 위해서 아이들이랑 저 산 위에까지 올라가기도 했지요.

여　자　아주 오래된 전설 같아요. 무지개라… 저는 기억이 잘 나지 않아요. 언제 보았는지는… 그 무지개를 다시 본다면 나도 시인처럼 (자신의 가슴을 움켜쥐며) 가슴이 두근거릴까요?

청　년　(심하게 기침을 하며 웃는다. 여자, 청년을 바라보다가 따라 웃는다) 하하, 그럼요. 쿨룩쿨룩. 누구나 다 가지고 있어요. 쿨룩, 감, 감동을 말, 말이지요.

여　자　(손수건을 꺼내 청년의 얼굴을 닦으며) 요즘 감기는 기침이 심해요.

청　년　감기요? 하하하.

여　자　우스워요. 내가?

청　년　아, 아닙니다. 감동이라는 것이, 우스워요. (일어나서 개찰구 쪽으로 간다. 이어 사내와 역부가 무대에 나타난다)

역　부　화물열차였어.

사　내　오늘도 역시 도착하지 않을 것 같군요. 무슨 사고가 난 건 아닌지 모르겠군요.

역　부　그럴 리가. (청년을 보고는 깜짝 놀라) 아니 여긴 어떻게 왔느냐?

청　년　갑갑해서요. 아버지 배고프지 않으세요?

역　부　아니다. 내 걱정은 말아라. 그나저나 또 너 어메가 문을 열어준 모양이구먼.

사　내　(두 사람을 번갈아 보며) 아니 이 청년이 아드님이시오?

역　부　그렇답니다.

여 자 (역부에게) 안녕하세요. 아버님.

역 부 안녕하지 못하네.

여 자 호호호….

사 내 (청년을 유심히 바라보며) 아, 이토록 건장한 청년이 아드님이셨군요.

역 부 하하, 애야, 인사해라. 우리 집안의 삼대독자요.

청 년 안녕하세요. (사내와 청년 악수를 한다. 사내, 청년의 얼굴을 유심히 들여다보며 손을 놓지 않는다)

역 부 이분은 배를 타실 분이지. 오늘 밤차로 바다로 가실 거란다.

여 자 (흥분된 어조로) 바다로 가신다고요?

역 부 숨 넘어 가겠소. 천천히 말하시오. 여기 귀먹은 사람은 없으니까.

(청년, 잔기침을 한다.)

사 내 (청년의 안색을 살피며) 저기 가서 쉬는 게 좋을 것 같소.

역 부 애야, 밤바람이 네게 좋지 않다고 몇 번이나 얘기해야 되겠느냐?

청 년 도저히 잠들 수가 없어요. 아마 그 녀석은 열차를 타고 돌아올지도 모른다고요.

역 부 죽은 녀석이 돌아오긴 어딜 돌아와. 너 에미한테 그렇게 부탁했는데도 기어이… (역부, 청년을 데리고 의자로 가서 청년을 앉힌다. 여자도 그 옆에 앉는다)

사　내　(낮은 소리로 역부에게) 누굴 기다린다는 거요?

역　부　이애의 죽마고우지요. 같이 서울서 공부를 했는데, 어떤 큰 행사에 같이 참석했다가 안타깝게도 그애는 젊은 나이에 명을 달리했지요.

사　내　(고개를 끄덕이며) 사고가 났던 모양이지요.

청　년　(잔기침을 하며) 우린 서로 길고 긴 복도를 지나갔어요. 수없이 많은 방이 있었는데, 굳게 닫혀 있었지요. 검은 옷을 입은 사람들이 친구와 나를 끌고 갔는데 어느 순간에 옆에 있어야 할 친구가 없어져 버렸어요. 나는 큰소리로 불렀어요. 문들이 모두 닫혀 있었기 때문에…

역　부　(청년의 말을 가로채며) 손님, 죄송하지만 이야기를 시켜선 안 돼요. (청년을 일으킨다. 청년, 일어서면서 계속 말한다)

청　년　문을 두드렸죠. 그때 복도 끝에서 그 친구가 소리를 쳤어요. "지쳐선 안 돼. 꼭 돌아갈게" 그리고 난 정신을 잃었어요. (사이) 언제나 우린 막차를 타고 고향에 왔었어요. 그 녀석과 나는 이 탄전지대를 우리 자신만큼이나 사랑했어요.

역　부　알고 말고, 그러나 이놈아, 몸이 성해야 석탄을 캐든지 시를 쓰든지 할 거 아니냐. (청년을 부축하며 문 쪽으로 걸어간다)

역　부　손님, 곧 돌아올 겁니다. 이 녀석에게는 밤바람이 해롭거든요.

(역부와 청년, 무대에서 퇴장한다. 여자는 의자에 앉아 몸을 움직

인다. 의자가 삐걱삐걱거린다. 사내 개찰구로 가서 여자에게 등을
보이고 서 있다.)

여 자 (역부와 청년이 나간 쪽을 바라보며 혼잣말로) 무지개를 본 기
억은 없지만, 아마 본다면 가슴이 뛸 거라고 생각해. 그
무지개는 눈물 속에 한 기다림으로 오래오래 남겠지. 저
깨끗하고 맑은 영혼을 가진 젊은이를 볼 때 이처럼 가슴
이 뛰듯이….

(사내, 주머니에서 담배를 꺼내 문다. 그리고 성냥을 켜 불을 붙인
다.)

여 자 (놀란 목소리로) 조금씩 생각이 나는 것 같기도 하거든. 가
만있자, 저 조그만 성냥불이 살아나는 소리, 너무도 익
숙한 소리 같아. 갓난아기 때였던가. 아니면 철부지 소
녀시절이었던가. 지나온 날 중 어느 때였을까? 나는 어
두운 벌판에 혼자 서 있었을지도 몰라. 누군가 옆에 있
었던가 아니면 나 혼자였던가, 지금처럼. 아마 혼자였겠
지. 지금처럼 생각했을 거야. 결국 기댈 수 있는 가장 믿
음직한 것은 자기 자신밖에 없지. 내 스스로 버텨내는
수밖에. 무지개를 갖는다거나 이곳을 떠나는 건 불가능
해. 아, 아무것도 기억할 수가 없어. (자신의 머리를 쥐어뜯
으며) 아, 도대체 지난 시간은 어디로 간 거지, 어디로.

(사내, 여자의 목소리에 놀라 뒤돌아본다.)

사　내　(혼잣말로) 지난밤에 본 그 창녀군. 언제나 이 역사에서
최후까지 남는 사람은 저 늙은 창녀와 나뿐이거든. 그나
저나 열차는 오늘도 오지 않을 건가 보군. (시계를 꺼내보
며) 벌써 새벽이 멀지 않았어. (개찰구 밖으로 하늘을 보며)
비도 그쳤군. 정말 지겨운 태풍이었어. 바다에 가서 배
를 타야만 할까. (무대 중앙으로 걸어나오며) 여보시오. 돌
아가지 않소?

(여자, 침묵을 지킨다.
머뭇거리며 의자에 앉는 사내.)

여　자　(사내를 돌아보지 않은 채) 아저씨는 돌아가지 않으세요?

사　내　돌아갈 곳이 없어요.

여　자　고향이 없나요?

사　내　고향….

여　자　그래요. 누구나가 가슴 속에 가지고 있는… 아름다운 꽃
과 어머니가 있는 집. 사랑방에는 할아버지의 긴 담뱃대
가 호랑이처럼 놓여있고 할아버지 기침소리가 울음을
그치게 하는 그런 시절이 있는 땅 말이죠.

사　내　내 고향은 물에 잠겼어요. 뒷산의 봉우리가 물 가운데
섬처럼 떠 있죠. 그리고 아무것도 보이지 않아요.

여　자　아, 저런… 그러나 찾아갈 수는 있지 않아요? 그곳이 어

디에 있는지는 아시지 않아요. 그래, 그곳이 어디에요?

사 내 여기서 남쪽으로 10시간을 달려가야 한답니다. (사이) 그곳에 가 봐야 아무도 없어요. 고향은 무서운 곳이요. 패배자로는 죽어도 가기 싫은 땅이지요… 그래, 댁의 고향은?

여 자 (체념적인 말투로) 고향이 어딘지 몰라요. 단지, 그곳에는 내가 아는 사람이 많을 것 같아요. 지난날의 내 모습을 알고 있는 사람들, 도통 기억해 낼 수 없는 나의 과거. 분명 행복했으리라 생각해요.

사 내 (여자에게) 댁을 보고 있으니 무언가 어렴풋이 떠오르는 것이 있어요.

(여자, 꿈꾸듯이 관객을 향해 앉아 있다. 사내는 여자의 아래 위를 찬찬히 뜯어보며 생각에 몰두한다.)

여 자 (사내의 시선을 느끼며) 열차는 오지 않을 건가 보죠?

사 내 아, 네, 다시 하루를 더 기다릴 수밖에 없지요. 열차가 오지 않는 건 태풍 때문일 거요. 사고는 나지 않았겠지요… 화물열차는 조금 전에 지나갔어요. 삼 일만에 처음 지나가는 화물열차였거든요. 내일이면 모든 것이 정상으로 돌아갈지도 모르오… 그러나 안타깝게도 내가 돌아갈 곳은 여전히 어디에도 없지만 말이오.

여 자 돌아갈 곳?

사 내 섬을 본 적이 있소?

여 자 (고개를 젓는다)

사 내 (관객을 향해) 섬을 보고 싶어했던 여인이 있었어요. 젊은 날의 애인이었죠. 그녀가 섬에 살고 싶다고 했을 때 나는 배를 타고 그 섬에 언제나 가겠노라고 했답니다. 이제 그녀를 만나는 건 포기해야 할지도 모르오. (사이) 내게 남은 건 섬을 발견하는 일이오. 그리고 지난날들을 회상하는 거지요.

여 자 (사내의 이야기를 멍청히 듣는다)

사 내 나같은 낙오자에게 남은 것은… 추억뿐이지. 과거, 그것은 모두 애상에 잠기게 하지. 그러면서 끝없는 고통 속으로 밀어 넣기도 하지만 말이오.

여 자 (머뭇거리며) 조용한 방이 있는데, 손님 내일 떠나세요.

사 내 (침울하게) 언제고 무작정 기다려야 하는 것은 즐거운 일이요. 내게 그래도 기다려야 할 것이 남아 있다는 건 살아있다는 사실과 같아요.

여 자 기다림이라고 했어요? (사내 개찰구로 돌아선다. 여자의 말을 못 들은 듯 말이 없다) 저 손님은 왠지 낯설지가 않아. 아주 오랫동안 우린 알아온 것 같거든. 착각인지도 모르지. (하품을 한다) 그만 가봐야겠어. 오늘도 여전히 그 어둔 골목을 올라가야겠군. 그 비탈길에선 너무 자주 넘어진단 말이야. (문 쪽으로 가려다 사내를 돌아본다. 혼잣말로) 나는 지금, 무언가 소중한 것을 잃어버린 예감이 드는군. 아, 이것은 내 건망증 탓일 거야. 뭐든지 빠뜨리고 다니다니, 며칠 전에 가지고 다니던 곰돌이 열쇠를 잃어버렸거든. 그 때문에 방에 들어가지 못해 매우 힘이 들었지. (사이) 그런데 이건 그런 물건 따위의 종류가 아닌 것 같아. 가슴이 이토록 허전한 건 뭘까. 오래전부터 나도 무언가 기다려온 것 같아. 기차였을까, 아니면 무지개. 그럴지도 모른다는 생각이 드는데 이 낯선 곳에서 오 년 동안 기억을 잊어버린 채 산 건 무언가 기다린 게 있었다는 생각이 들어. 아, 그러나 착각이겠지. 나는 무수한 시행착오를 했어. 결국 내 가슴속은 여러 군데 구멍이 나버렸어. 그래, 역시 집으로 돌아가야겠어. 그리고 푹 잠을 자는 거야.

사 내 (여자를 돌아보며) 아직 안 갔소?

여 자 (쓸쓸하게) 가야지요… 안녕히 가세요. 섬에 가서 산다면 참 좋을 거예요.

(여자, 무대에서 퇴장한다. 사내 천천히 무대 중앙으로 돌아와 의자에 앉는다. 꺼진 촛대에 불을 붙인다.)

사 내 이제야 혼자 남았군. (눈을 감고 의자에 기댄다. 의자가 삐걱거린다. 그때 또 다시 정전이 된다. 무대 갑자기 어두워진다. 이윽고 무대, 엷은 보랏빛으로 밝아온다) 새벽이군. (개찰구 쪽을 보며) 안개야… 이제 태풍이 끝난 건 확실한 사실인가 보군. 눈을 붙여야겠는데, 춥군. 여름도 이제는 끝나가는 거겠지. (자신의 몸을 감싸안다가) 나는 아직 건재한다. 배 위의 밧줄을 당길 정도의 힘은 아직 남아 있을 거야. (일어난다) 물론. (무대 중앙으로 촛불을 들고 걸어 나온다) 날이 밝으면 이 촛불도 무색해지고 말겠군. (촛불을 입으로 불어 끈다) 희망적인 삶을 살고 싶군. (촛대를 의자에 놓는다) 땀 흘리며 일하고 싶어… 내일은 열차가 꼭 오겠지. 속이 쓰려 무얼 좀 먹어야겠어.

(사내 옷깃을 올리며 무대 밖으로 퇴장한다.
텅 빈 대합실.
무대의 막이 내려지면서 아득하게 들려오는 새소리.
분주하게 뛰는 사람들의 발자국 소리.)

— 암전.

세 사람의 대화

등장인물

바오로 신부 사십대, 알코올 중독자, 붉은 얼굴에 뚱뚱한 편
이동신   육십대, 사십 년 만에 감옥을 나온 전향자
청년   권민식, 이십대 후반
권정호   청년의 아버지, 감옥에서 자살함
기도하는 여자

무대

경상북도 어느 소읍에 있는 성당의 사제관.
창문으로 첩첩이 산이 보이고 가까운 곳에 마리아상이 보인다. 창 아래 오른쪽으로 큰 책상이 있고, 그 옆에 의자가 따로 떨어져 나와 있다.
탁자와 소파가 무대 중앙으로 조금 나와 있고, 왼쪽은 출입문이다. 오른쪽의 부엌으로 들어가는 문 위에는 교황의 사진이 걸려 있다.
그 옆으로 긴 회중시계가 저음으로 열두 번을 친다.
막이 오르면 연장을 들고 들어오는 바오르 신부.
뒤이어 젊은 남자가 들어온다.

신　부　(연장을 책상 서랍에 넣으며) 강물이 넘치지 않던가요?

청　년　아뇨.

신　부　(책상 옆의 의자에 앉는다) 앉아요. 후덥지근하지 않아요?

청　년　(소파에 앉으며) 예, 약간.

신　부　더운 건 질색이요. 지금 난 옷을 다 벗고 싶소. (시계를 보며) 이분도 곧 오실 때가 되었는데. 뭘 마시지 않겠소?

청　년　아닙니다.

신　부　(부엌으로 가려다가 멈춰서며) 그럼 술은 어떻소?

청　년　(미소를 지으며) 좋아요.

신　부　(부엌으로 사라지며 목소리만 들린다. 청년은 주위를 천천히 둘러보고 있다) 몇십 년 묵은 포도주라는군. 한 잔 마시면 기분이 좋아지지. 술이 없다면 삶은 얼마나 무미건조할까. (쟁반에 술병과 잔 세 개를 가지고 온다) 정말 지겨울거요. 그렇지 않은가?

청　년　생각하기 나름이겠지요.

신　부　… 그렇지. 그래, 자네는 이곳을 좋아하는가?

청　년　고향이니까요.

신　부　나는 이곳이 싫다네. 산이 너무 많아. 그리고 권태로운 곳이거든. (잔을 비운다)

청　년　(잔을 채우며) 그러나 풍파가 심했던 곳이지요.

신　부　아, 자네 부친은 이동신 씨와 친구관계라 했던가?

청　년　예. 아버님은 이 년 전에 돌아가셨습니다.

(사이.)

신　부　자네는 어떻게 생각하나? 이념 때문에 삶을 포기하는 걸 말이네.

청　년　포기가 아니지요. 그 나름대로의 삶의 방식일 뿐이지요. 아니면,

신　부　아니면?

청　년　선택의 여지없이 상황이 그렇게 몰고 간 거죠.

신　부　자네는 대단히 냉정한 편이군.

청　년　(말을 돌리며) 신부님께서는 왜 이곳이 권태롭습니까?

신　부　자네는 무엇으로 사는가? 그것을 말해주면 내 대답하겠네.

청　년　분노로 살지요.

신　부　무엇에 대한 분노?

청　년　삶에 대한.

신　부　어떤 삶인가?

청　년　정지되어 있는 모든 것에 대한 것이죠.

신　부　정지되어 있는 모든 것이라, 그렇다면 자네는 권태롭지 않은가?

청　년　아뇨.

신　부　내가 늙었다는 증거군… 나는, 느낌으로 살지. 하느님이 계시다는 것도 느낄 뿐이야. 그러나 때론 그런 느낌이라는 것이 식상해지거든. 그땐 이미 모든 느낌들이 효력을 상실하게 되고 나는 권태에 빠지게 된다네.

청　년　권태는 불감증의 원인이죠.

신　부　그래서 나는 담배와 술을 찾는다네.

청 년　도피가 아닐까요?

신 부　도피….

(침묵.

어떤 여자가 성모상 앞으로 가더니 기도를 한다. 무심코 바라보는

청년.

여자는 백치처럼 성모상의 얼굴을 천천히 쓰다듬는다.)

신 부　몇 년 전에 이 읍내가 물에 잠긴 걸 자넨 기억하나?

청 년　(생각에서 깨어난 듯) 그때 저는 서울에 있었지요.

신 부　대단했었지.

청 년　저수지가 터졌다던데….

신 부　그땐 모두 산으로 올라갔다네. 많은 사람들이 죽었고 수

해복구는 오래 걸렸어. 사람들은 다시 무너질지도 모르

는 산비탈에 집을 짓더군. 산사태가 나면 그곳은 다시 흙

으로 파묻힐 텐데 말일세… 자넨 진보를 믿는가?

청 년　(창밖을 보며) 아뇨. 진보보다 정지되어 있는 것이 더 많아

요.

신 부　자넨, 가톨릭인가?

청 년　전, 무신론자입니다.

신 부　그럼 자넨 광신자가 될 가능성이 아주 많은 사람이군.

청 년　신부님은 기적을 믿습니까?

신 부　(일어나 창가로 가며) 어떤 기적을 말하는 거요. 기도하는 저

여자를 이리로 날아오게 하는 기적인가? 기적은 없소.

청 년   그럼 무얼 믿습니까?

신 부   인간이 느끼는 걸 믿소. (창밖을 가리키며) 나는 저 여인의 기도소리는 오직 그녀 자신만이 듣는다고 생각해요. 보시오. 아무도 없지 않소.

청 년   신부님 스스로 하나님을 부정하시는 겁니까?

신 부   그렇게 된다면 나 자신도 부정하게 되는 걸세.

청 년   (시계를 보며) 그분이 몇 시에 도착한다고 하셨습니까?

신 부   열두 시.

청 년   미사는 빠지지 않습니까?

신 부   한 번도.

청 년   쇠약하시지요?

신 부   그래요.

청 년   그분의 이념도 쇠약해지지 않았는지 모르겠군요.

신 부   그분의 고백성사를 들었지.

청 년   고백성사를요?

신 부   한 달 전? 그럴거요. 장마가 시작되던 때였으니, 그래요.

(무대 조명 점점 어두워지면 스포트라이트를 받으며 드러나는 이동신 씨의 뒷모습.)

신 부   (어둠 속에서) 술을 드시겠소?

이동신   아닙니다.

신 부   무슨 걱정이 있습니까?

이동신 (결심한 듯) 세례명을 받지 않았지만 하나님은 제 이야기를 들으시겠지요?

신 부 마음 속에서 듣고 계십니다.

(침묵.)

이동신 지난날을 반성합니다. 지금 내 육신은 자유롭습니다. 태양을 보고 바람을 느끼고 걷고 싶은 대로 걸을 수도 있습니다. 이러한 자유를 나는 사십 년 동안 그리워했습니다. 많은 것이 변해 있더군요. 손자가 벌써 중학생입니다. 신기하지 않습니까? 내가 그곳에 있는 동안 나무들이 자라듯이 아이들도 자란 거지요. 아이들은 또 자랄 것이고….

신 부 (이동신이 앉아 있는 쪽으로 간다) 후회하고 있습니까?

이동신 반성하고 있습니다.

신 부 이제야 말입니까?

이동신 전향서는 내 삶을 부정하는 거지요. 그것은 또한 내 존재가 이 땅에 있었다는 사실을 부정하는 것이고, 그리고… 동지들의 존재도 부정하는 거지요. 나는 예수의 제자처럼 하나님을 부정한 거요.

신 부 당신의 이념은 하나님의 존재처럼 절대적인 것이오?

이동신 신부님의 신앙은 절대적인 것이 아니오?

신 부 젊을 때는 그랬소.

이동신 지금은?

신　부　오랫동안의 믿음을 지금에서야 버릴 수 있겠소?

이동신　그것이오. 믿음을 버릴 수는 없소. 그건 목을 잘라야 가
　　　　능하지 않겠소?

신　부　당신의 이념은 그처럼 철저한 것이었소?

이동신　철저하지 못했으니까 나는 나머지 삶을 택한 거요. 육체
　　　　의 자유를 주기 위해서 말입니다.

신　부　육체의 자유는 어디 있습니까?

이동신　… 하늘 아래 있습니다. 나는 부드러운 흙을 맨발로 걷
　　　　고 싶었습니다. 아들을 만나고 손자를 업고 하루 종일
　　　　들판에 서 있고 싶었지요. 텃밭에는 배추를 갈고 아내와
　　　　말없이 하루 종일을 보내고 싶었지요.

신　부　그런데 당신은 또 어떤 구속을 당하고 있나요?

이동신　보이지 않는 구속이지요. 정신을 구속하는 대신 나는 이
　　　　런 자유를 얻은 셈이지요.

신　부　당신은 당신의 이념을 삼십 년 동안의 삶과 바꾸지 않았
　　　　던가요?

이동신　아닙니다. 그것이 나의 삶이었지요.

신　부　그렇다면 당신을 괴롭히는 것은 무엇입니까?

이동신　반성입니다. 이런 자유는 내게 과분하지요.

신　부　당신의 이념은 결코 절대적인 존재는 아니지 않습니까?

이동신　….

신　부　하나님조차도 인간의 자유를 통제하지는 못합니다. 그
　　　　것은 하나님에겐 그런 권리가 없기 때문이지요. 삶에 대
　　　　한 애착은 인간의 가장 순진한 욕망입니다. 태양을 보고

여인을 사랑하고… 그 어떤 이념도 이걸 막을 수는 없습니다.

이동신 ….

신 부 그러므로 가족들에게 돌아온 것은 잘 한 일입니다.

이동신 그래요. 나는 지쳤어요. 그러나 난 변하지 않았어요. 그저 누구에겐가 말하고 싶었던 거죠. (천천히 자리에서 일어나 퇴장한다)

(사이.)

신 부 그분은 한마디 말없이 돌아가시더군요… 쓸쓸한 저녁이었어요.

청 년 이십 년을 아버지와 함께 지낸 분입니다. 이십 년을 말입니다.

신 부 이십 년을 그래요. 그건 결코 짧은 세월이 아니지요.

(이때 자전거를 타고 오는 이동신의 모습이 창 너머로 보인다. 여자는 성모상 앞을 지나 퇴장. 검은테 안경과 쥐색 점퍼를 입은 키가 크고 마른 체형의 육십대 초반. 자전거를 세우는 소리. 계단을 오르는 소리. 이어 느릿느릿하게 불규칙적인 발자국소리. 문이 열리고 그가 들어온다.)

신 부 (일어서며) 호랑이도 제 말 하면 온다더니 그 말이 맞는 말인데요.

이동신 제가 너무 늦었지요?

신　부 아닙니다. 덕분에 젊은 사람과 얘기도 많이 했죠.

이동신 (청년에게 손을 내밀며) 만나서 반갑네.

청　년 권민식입니다.

이동신 자넨 부친을 꼭 닮았네 그려.

신　부 자, 일단 자리에 앉읍시다. 안주를 더 가져와야겠군요.
　　　　(부엌으로 퇴장)

　　　　(두 사람, 한동안 말이 없다. 부엌에서 들리는 수돗물 소리.
　　　　이어 조용해진다.)

이동신 자네 전화를 난 받지 못했다네… 자넬 한 번은 만나고
　　　　싶었어. (주머니에서 담배를 꺼낸다) 여기서 만나는 게 편할
　　　　것 같았네.

민　식 (탁자 위의 라이터로 불을 켜 준다)

이동신 고맙네. 자네 모친은?

민　식 몸이 좀 불편하십니다.

이동신 편찮다는 말은 내 들었네.

민　식 불면증으로 한 달 고생하셨죠.

이동신 불면증이라.

신　부 (부엌에서 나오며) 이번엔 수도가 고장이군요. (안주를 담은
　　　　접시를 내려놓으며) 한군데도 성한 곳이 없군요. 지붕은 군
　　　　데군데 비가 새고 창문과 문들은 바람이 불면 삐그덕 거
　　　　리니 말이죠.

민　식　제가 어렸을 때 크리스마스 선물 때문에 이곳에 온 적이 있었지요. 그땐 아주 깨끗하고 우아한 건물이었거든요. 성당보다 더 좋은 집은 없으리라고 생각했으니까요.

이동신　사십 년 전에 나는 이곳에서 모임을 가졌지. 마땅한 장소가 없었으니까. 그리고 사십 년 후의 이곳은 변한 곳이 없어요. 변한 게 있다면 키 큰 나무들과 사람들 뿐이지. 많은 사람들이 죽었고, 다시 태어난 사람들은 죽은 사람들이 살았을 적에 했던 과오를 되풀이하며 살고 있더군.

신　부　그렇군요. 산사태가 일어난 곳에 다시 집을 짓고 사는 사람들을 보았지요.

민　식　제가 술을 따르겠습니다.

이동신　아들에게 받는 기분이군.

신　부　아들이 될 수도 있겠군요.

이동신　내 아들은 이제 마흔이지. 내가 감옥에 들어갈 때 그애가 엄마 뱃속에 있었으니.

신　부　세월이 너무 허무하게 흘렀군요.

이동신　나는 그 자리에 멈춰져 있고 다른 것들만 시간을 먹고 자란 것 같지.

신　부　외아들이라 했지요?

이동신　그래요. 아비 노릇도 못한 셈이죠.

신　부　자네도 그러고 보니 독자군 그래.

민　식　그렇습니다.

신　부　형제는 많은 것이 좋아요. 혼자는 아무래도 외롭지요.

이동신 신부님의 형제는?

신 부 나야 이 세상의 모든 사람이 형제지요.

(세 사람, 웃는다.)

이동신 (민식을 향해) 지금 자넨 뭘 하고 있지?

민 식 (어색하게) 교사 발령을 기다리고 있습니다.

신 부 그럼 뭘 가르칩니까?

민 식 역사를 가르치죠.

이동신 오래 기다리지 않았는가?

민 식 일 년 정도.

신 부 그럼 꽤 오래 됐군.

이동신 사실 지금도 사람들은 기다리고 있지. 자네 부친에 대해서 나는 많은 것을 생각했네. 어쩌면 자넨 듣고 싶을 테지. 사십 년의 세월을 내 스스로 부정을 했으니. 그렇지 않으면 죽음이 도리어 친구가 되어야 하는 입장이니 말일세. 그렇다고 죽음을 두려워했다고 생각지는 말게. 자네 부친도 나와 똑같은 입장이었네.

민 식 그럼 아버지께서 전향서를 쓰지 않은 이유는 무엇입니까?

이동신 죽은 자는 말이 없지. 그러나 산 사람은 그에 대해 증명할 수 있어. 그는 간첩이 아니야.

민 식 네?

이동신 자네 백부가 일본 조총련계에 있었다는 걸 자네도 알겠지?

민 식 예.

이동신 자네가 어렸을 때 그분의 초청으로 일본에 갔다 왔다
네.

신 부 그렇다면 왜 전향서를 쓰지 않았죠?

이동신 그렇게 되면 자신이 간첩이라는 걸 인정하는 게 되는 거
지.

민 식 그럼, 아버지가 갑자기 돌아가신 이유라도?

이동신 갑자기가 아니라네⋯ 그 해 겨울엔 눈이 많이도 내렸지.

(이동신, 일어나 무대 왼쪽으로 걸어 나간다.

조명, 이동신만을 비춘다. 바람소리, 어디선가 발자국소리.

이어 철문이 열리는 소리.

죄수복을 입은 민식의 아버지, 권정호 등장. 병색이 완연한 얼굴.)

권정호 눈이 무릎까지 쌓였더군. 차라리 비가 내리는 게 낫지.
눈이 얼마나 무겁던지.

이동신 자네 또 체했는가?

권정호 위 속에 장미가시가 자라는 것 같네.

이동신 그래 뭐라고 하던가?

권정호 소화제만 주던걸.

이동신 맨날 소화제만 주면 어쩌란 말이지.

권정호 이보게, 등 좀 두드려주게. (돌아앉는다)

이동신 (등을 두드리며) 체한 게 아니야. 내 생각엔 진찰을 받아야

한다고.

권정호 (애써 트림을 하며) 좀 괜찮아지겠지. 그래 오늘은 무슨 작업을 했다고?

이동신 눈을 쓸었다네. 십 년 만에 처음으로 많이 내렸다는군. 강원도는 아예 두절되었다는군.

권정호 그럼 썰매를 신나게 타겠구먼.

이동신 누가?

권정호 아이들이. 눈이 내리면 이웃집에도 썰매를 다고 가야 한다네.

이동신 그렇겠군.

(사이.)

권정호 눈사태가 산사태 만큼이나 위험하다는 걸 자네도 알겠지?

이동신 (자리에 눕는다) 그야 물론.

권정호 자네 손은 참 약손이군.

이동신 그런가?

권정호 씻은 듯이 나은 것 같거든. 만약 장미가시가 위 속에 들었다면 어떻게 될 것 같은가?

이동신 그건 불가능해. 굳이 장미가시를 먹었다면 몰라도.

권정호 위 속의 가시가 점점 커지는 느낌이네. 요전엔 그 가시가 목구멍으로 서서히 올라오는 것 같더군.

이동신 그 말을 들으니 나도 속이 따갑군.

권정호　(창밖을 보며) 이제 한 해가 가는군.

이동신　자넨 겨울에 들어왔지?

권정호　그렇군. 그 해도 그렇고 올해도 보리농사는 풍년이겠군.
　　　　(바람소리) 자는가? 이 사람 벌써 잠이 드는군. (자신의 가
　　　　슴을 내려다본다) 아아 (가슴을 움켜쥔다) 이 봐.

이동신　(벌떡 일어나며) 왜 또 아픈가?

권정호　숨이 막힐 것 같네.

이동신　(눈을 감은 채 등을 두드린다)

권정호　(손을 내저으며) 됐어. 이제 그만 자.

　　　　(이동신, 그대로 누워 자고 권정호 눈 내리는 창밖을 보며 돌처럼
　　　　굳어간다. 서서히 암전. 신부와 민식. 이동신이 앉은 무대 밝아진
　　　　다. 그들 세 사람 침묵을 지키고 있다.)

신　부　앉은 채로 돌아가셨단 말이죠?

이동신　그래요. 나중에 생각해보니 위암인 것 같더군.

민　식　한 번도 치료를 받지 못했단 말이죠?

이동신　우린 죄인이었네.

민　식　그래요. 아버진 사상범이 아니었어요. 억울한 죽음을 맞
　　　　은 거예요.

신　부　그러고보니 우리는 마치 격류에 휘말린 징검다리를 건
　　　　너 온 것 같군요. 아주 우연한 일이지만 나는 한때 고문
　　　　을 당한 적이 있어요. 지금도 그때의 일을 생각하면 도
　　　　깨비한테 홀린 기분이죠. (사이) 그래요. 아주 단순한 사

건이었죠. 사촌동생을 며칠간 데리고 있었던 게 원인이 었지요. 그때 저는 경기도의 미리내 성지에 있었는데 대학생 사촌동생이 절 찾아왔던 게지요. 그건 아주 자연스러운 일 아닙니까? (두 사람을 쳐다본다. 두 사람, 동의한다는 듯 고개를 끄덕인다) 녀석의 말대로 잠깐 놀러 온 것으로 생각했죠. 그런데 어느 날 밤, 낯선 사람이 방 안으로 들어오더니 마치 도망 간 짐승을 잡아채듯이 동생과 나를 끌고 어두운 지하방에 각각 집어넣더군요. 나중에 안 사실이지만 그때 사촌은 데모 주동자로 쫓기고 있었던 거죠. 덕분에 의식의 밑바닥까지 모멸을 느끼는 고문을 받았지만.

이동신 그런 상황에서 신부님은 자신도 모르는 강한 반항을 느끼지 않으셨습니까?

신 부 느꼈지요. 인간이 인간을 그토록 위협할 수 있는 존재라는 것. 그러나 나는 극히 일부분에 지나지 않았어요. 더 참혹하게 생을 유린당한 사람들이 많으니까요.

(이때, 괘종시계 소리.)

민 식 믿을 수 없군요. 아버진 한 번도 그런 말을 하지 않았죠. 차라리 자신의 이념 때문이었다면 속이 후련할 텐데. 이제 이 사실을 알았다 하더라도 무슨 소용이 있겠어요. 아버진 돌아가셨죠. 보고 싶어도 볼 수 없고 이야기를 듣고 싶어도 들을 수 없게 된 거죠. 만약 신이 모든 것을 알고 있다 하더라도 신은 인간을 도울 수 없어요.

신　부 모든 건 어둠 속에 묻히고 조금씩 잊혀지지요.

이동신 그리고 다시 되풀이됩니다.

신　부 신은 때로 냉정하고 가혹하지만 사람들은 너무 나약해요. 그리고 어리석어요. (민식에게) 자네는 무신론자라고 자처하면서도 신을 인정하는군.

민　식 그건 신에 대한 반항이죠.

(침묵.)

신　부 (자리에서 일어나며) 금강산도 식후경이라고 일단 식사를 해야지 않겠어요? (탁자로 가서 서랍을 뒤적거린다) 매운탕을 아주 잘 하는 집이 있는데… 아, 또 잊어버렸군요. (무표정하게 앉아 있는 그들을 향해) 왜 요즘은 점점 건망증이 생기는지 모르겠어요. 아주 깜깜무소식이요. 하루는 틀니를 어디 두었는지 몰라 하루 종일 찾았어요.

민　식 신부님께서 틀니를?

신　부 아차. 실수했군요. (작은 소리로) 소문내지 마세요. 아무도 내 이가 틀니라는 걸 모르니까.

민　식 어떻게 된 거죠?

신　부 모든 것이 고문 때문이지. 내 거기를 탈내지 않은 것이 오히려 원망스러울 지경이지.

민　식 농담이시겠지요.

신　부 맘대로 받아들이게. (조그만 성냥통을 들고) 아, 여기 있군

요. (전화를 돌린다)

이동신 자네 부친은 늘 자넬 못 잊어했네.

민 식 ….

이동신 아들을 위해 자신의 결백을 나타내는 길은 전향서를 쓰지 않는 것이라고 생각했던 거지. 자넨, 이해하나?

민 식 그러나 그와 반대로 아버진 자신의 결백을 주장하지도 못하고 돌아가셨어요. 누가 대신 아버지의 결백을 주장할 수 있겠어요.

신 부 아, 여보세요. 여긴 성당입니다. 배달이 됩니까? … 오늘은 휴업이라고요? 알았습니다. (수화기를 내려놓는다) 휴업이라는군요. (다시 서랍을 뒤적인다)

이동신 자네가 대신 해야지 누가 하겠는가. 우리 세대가 어쩔 수 없이 남겨놓은 하나의 과업이지. 피할 수 없어. 운명론자는 아니지만 내가 공산주의를 택한 것도 피할 수 없는 운명이었고, 자네 부친도 이 땅의 운명을 결국 거부할 수 없었던 거지. 자넨 젊고 진취적일 필요가 있어. (사이) 중요한 건 말일세. 피는 물보다 진하다는 것이지.

신 부 아무래도 읍내는 적당한 곳이 없을 것 같군요. (의자에 앉으며) 어떠세요? 제 차를 타고 야외로 나가보는 것이?

민 식 어디로 가시려고요?

신 부 죽령고개로 갑시다. 거기서 호랑이 등가죽 같은 산맥들을 굽어보는 겁니다. 십 년 묵은 체증이 싹 내려갈 걸요.

이동신 나는 사십 년 묵은 체증이 내려가겠군.

신 부 (웃으며) 그렇겠군요. 그러나 축복이지 않아요? 그동안 나라에서 먹여 살렸으니 이런 날도 있지 않습니까?

이동신 (미소 지으며) 생각해보니 그렇군요. 하지만 남과 북이 아직도 하나라는 착각 속에 있어요. 아니 착각이 아니라 사실이긴 하지만….

— 암전. 막.

인형과 소년

배경 : 지방의 어느 도시

장소 : 아파트 거실

등장인물

훈이 (여섯 살 소년. 부모의 이혼으로 외삼촌 집에 있게 됨)

훈이의 외숙모, 훈이의 외삼촌 (회사원), 훈이의 어머니

윤희 (훈이와 사촌지간), 윤식 (윤희의 오빠),

인형 (훈이의 상상 속에서 말을 한다)

왕비 (이 역은 훈이의 어머니가 한다)

감독 (이 역은 훈이의 외삼촌이 한다)

서암대사, 궁녀

무대 : 중류층의 아파트 거실. 전화가 놓여 있는 탁자와 소파가 무대 중앙을 차지하고 있고, 왼쪽으로 방이 두 개 있다. 무대 뒷면은 아파트의 베란다로 통하는 유리문이고, 새장에는 두 마리의 새가 있다. 무대의 오른쪽엔 부엌으로 통하는 커튼이 쳐져 있고 그 앞쪽으로 현관으로 통하는 문이 있다. 소파에는 아이들의 장난감인 듯한 플라스틱 야구 방망이와 인형이 있다.

막이 오르면 신문으로 얼굴을 가리고 소파에 잠들어 있는 사십대 중년 남자가 앉아 있다. 일요일 햇살이 길게 유리문으로 비쳐 든다. 새장에서 파닥거리는 새 소리. 모처럼 휴일을 맞아 편안함과 잠에 취해 있는 듯한 모습. 부엌에서는 물 소리가 나고 그릇 씻는 듯한 소리가 난다. 이어 초인종 소리. 한 번, 두 번, 길게 울린다.

목소리 (여자, 부엌에서) 여보. (잠시 뒤) 여보, 문 좀 열어요. 문 좀 열어요. (초인종 소리 계속 울린다. 반응이 없다) 여보. (부엌에서 나오는 삼십대 후반의 여자. 고무장갑을 끼고 있다. 잠을 자고 있는 남편을 내려다 보고는 문쪽으로 걸어 나간다) 누구세요?

소 리 (문 밖에서) 엄마, 윤희예요.

(문을 열면 여섯 살짜리 여자 아이가 피아노 가방을 들고 있다.)

어머니 왜 너 혼자 오니?

윤 희 오빠 야구하러 갔어. 엄마, 배고파.

어머니 그래, 알았어. 이 녀석 늦기만 해 봐라. (남편을 돌아보고는) 윤희야, 아빠 좀 깨우렴. (부엌으로 들어간다)

윤 희 (신문을 살며시 들며) 아빠.

아 빠 (깨어나며) 오, 윤희 벌써 왔어?

윤 희 아빠, 물어 볼 게 있어요.

아 빠 뭐지?

윤 희 이혼하는 게 뭐예요?

아 빠 이혼, 그건 어디서 들었니?

윤 희 아빠, 이혼하면 아이들은 혼자 살아야 해?

아 빠 아니, 그건 왜 묻니?

윤 희 소영이네는 엄마 아빠가 이혼했대. 그래서 소영이는 시골 할머니 집으로 전학 간대.

아 빠 이혼이란, 엄마 아빠가 따로 사는 걸 말해. 그건… 어른이 되면 너도 알 수 있을 거야.

윤 희	그럼, 어른들만 이혼하는 거야?
아 빠	아, 그건 할 수도 있고 안 할 수도 있는 거야. 그래, 그런 거지.
윤 희	안 하면 되잖아. 아이들은 아빠 엄마랑 살고 싶어해.
어머니	(소리, 부엌에서) 윤희야, 밥 먹어라.
윤 희	예. (부엌으로 간다)
어머니	(부엌에서 나오며) 이젠 그만 주무셔야 하지 않아요? 휴일이면 잠만 자니 지겹지도 않으세요.
아 빠	(멍한 듯) 우린 이혼 안 한 게 참 다행이야.
어머니	네?
아 빠	아, 다행이고 말고. 우리가 만약 이혼을 하게 되면 윤식이와 윤희는 누가 키우겠어? 친할머닌 오래 전에 돌아가셨고, 외할머니는 편찮으시고, 어디에도 애들을 키워 줄 사람은 없어.
어머니	아니, 여보 저와 이혼할 생각이세요?
아 빠	아, 아니. 만약 우리가 이혼한다면 애들은 고아원밖에 갈 데가 없을 거라구.
어머니	잠꼬대 같은 소리 그만 하고 이 편지나 읽어 보세요. 깜박 잊었어요. 어제 당신한테 온 편지예요. (앞치마에서 편지를 꺼내 준다)
아 빠	(봉투를 읽어 보고는) 서울에서 온 편지군. 오랜만인데. (봉투를 뜯는다) 군대서 받아 본 이후로 처음이군 그래. 전화가 있었으니 편지 쓸 이유가 없었지. 그런데 이상해. 무슨 일로 편지를 보냈지? (편지를 읽는다) 오빠 안녕하세

요. 새언니도 잘 있겠지요? 아이들도 모두 건강하고요? 지금 저는 정신이 없어서 결론만 적겠어요. 요번 주 일요일 오빠를 찾아뵙고 상세한 말씀을 드리겠어요. (아내를 돌아보며) 여보, 오늘 오겠대.

아 내 (소파 옆에 앉아 있다) 듣고 있어요.

남 편 (다시 편지를 읽는다) 저는 훈이를 오빠에게 당분간 맡겼으면 싶어요, 그와 저는 이혼 (큰 소리로) 뭐라고? 이혼을 해? (편지를 다시 읽는다. 그러나 소리 내지 않는다)

아 내 여보, 뭐라고 적었어요?

남 편 (편지를 구기며) 이혼을 했대. 누구 맘대로 이혼을 해? 안돼. (다이얼을 돌린다)

아 내 (편지를 받아 보며) 어머, 이혼하는 것 정말 쉽군요.

남 편 (수화기를 들고 기다리다. 다시 내려놓으며) 전화기도 떼어 버렸군.

아 내 지금쯤 오겠군요. 오늘 우리 집에 오겠다고 했잖아요. 기다려 보세요.

(이때 초인종이 울린다.)

아 내 누구세요?

소 리 (젊은 여자) 저예요. 언니.

아 내 (문을 연다) 어서 와요.

(날카롭게 생긴 삼십대 초반의 젊은 여자. 화려한 원피스를 입고

있으며, 다소 매력적이다. 그녀의 한 손에는 큰 여행 가방이, 또 다른 한 손에는 눈동자를 이리저리 굴리고 발을 쉴 새 없이 건들거리는 여섯 살짜리 남자 아이가 매달려 있다. 심한 정서불안 상태에 있음을 한눈에 알 수 있다.)

여 자 (문을 들어서며) 좀 더 빨리 오려고 했는데 애 때문에 늦었지 뭐예요. 지금 몇 시에요?

아 내 (벽시계를 올려다보며) 세 시.

여 자 (가방을 소파 위에다 내려놓으며) 어머 큰일났군요. 오후에 마지막 무대 연습이 있어요. (소파 위에 앉아 그녀를 바라보고 있는 오빠를 발견하고는) 제 편지 읽으셨죠?

아 빠 도대체 무슨 일이지?

여 자 설명하자면 길어요. 지금 서울 가는 차를 타려면 (시계를 올려다 보며) 십 분 밖에 남지 않았어요.

아 이 (이리저리 돌아다니며 그의 관심을 끌 만한 것을 찾아 다닌다. 이윽고 새장에 가까이 다가가서 손을 올려 본다. 키가 작아 손가락이 닿지 않는다. 아이는 소파 위에 있는 야구 방망이를 발견한다. 아이가 야구 방망이로 새장을 칠 때까지 아무도 주의를 기울이지 않는다. 새가 푸득거리자 더듬거리며) 나, 날아 봐. 날아.

아 내 (아이의 야구 방망이를 뺏으며) 새를 놀라게 하면 안 돼. 여기 얌전하게 앉아 있어. (소파에 아이를 앉힌다)

여 자 저애는 늘 말썽이에요. (생각난 듯 주머니에서 봉투를 꺼낸다) 이거 받으세요.

아 내 이건 뭐예요?

여　자 한 달에 한 번 내려올 수 있을 거예요. 훈이는 오락실 갈 돈만 주면 하루 종일 잘 놀아요.

아　내 웬만하면 아이들은 엄마랑 같이 있길 원하는데.

아　빠 (멍한 듯 앉아 있다) 그래, 지금 갈 거란 말이지? 그리고 한 달 후에 올 거구?

여　자 오빠 이해해 주세요. 지금 제겐 슬퍼할 시간이 없어요. (소파에 앉아 인형의 옷을 모두 찢어 놓은 훈이에게 다가가 인형을 뺏으며) 이젠 이런 장난 하면 안 돼. 여긴 외삼촌 집이야. 이건 윤희 인형이야. (그제서야 생각난 듯) 근데 윤희하고 윤식이는 어디 갔어요?

아　내 윤희는 밥 먹고 있었는데…. 얘가 부엌에서 뭘 하지? (부엌으로 간다)

여　자 오빠, 미안해요. 훈아, 엄마 (손가락 열 개를 펴며) 열 밤 자면 올게.

아　내 윤희는 자고 있어요. 그애는 저녁만 먹으면 잠이 들어요. 깨울까요?

여　자 그냥 두세요. 이젠 정말 가야겠군요.

(문을 열고 여자와 그 뒤를 따라 두 사람도 밖으로 나간다. 문이 닫힘과 동시에 조명이 어두워진다. 훈이가 앉아 있는 소파 주위만 조명등이 원형으로 나타난다. 아이는 찢겨진 옷을 입은 인형을 내려다 본다. 천천히 두려움에 가득찬 얼굴로 주위를 둘러본다. 혼자임을 깨달은 듯 곧 울음을 터뜨릴 것 같다. 파닥거리는 새 소리. 서서히 움직이는 인형. 이때 인형은 끈을 달아 움직인다.)

인 형 (낮은 목소리) 무섭니?

훈 이 무서워.

인 형 왜 무섭니?

훈 이 혼자 있으니까.

인 형 왜 혼자 있으니까 무섭지?

훈 이 그, 그건, 모르겠어. (인형을 돌아다보고) 아깐 미안했어.

인 형 뭐가?

훈 이 내가 네 옷을 찢었으니까.

인 형 괜찮아. 그 옷은 내게 너무 작았거든.

훈 이 그럼, 너도 어른이 되니?

인 형 그건 모르겠어. 어른들은 머리가 복잡해. 아마 어려울 것 같아. 어른이 되려면 생각을 많이 해야 할 것 같아.

훈 이 너희 엄마는 어디 있니?

인 형 엄마?

훈 이 그래, 엄마.

인 형 이제 알았다. 넌 엄마가 없어서 무서운 거로구나.

훈 이 아냐. 엄마는 늘 없었는걸.

인 형 그럼 너희 아빠는?

훈 이 아빤 한밤에 왔다가 새벽에 나가.

인 형 매일 너 혼자만 집에 있니?

훈 이 아냐. 아파트 열쇠를 들고 난 오락실에 가거든. 거긴 참 재미있어. (오락실을 상상하는 듯 신나는 얼굴이다. 손가락으로 오락기를 조종하는 시늉을 한다)

인 형 넌 그런 놀이가 재미있니?

훈 이 (대답이 없다)

인 형 (힘없는 목소리로) 넌 그런 놀이가 재미있니?

(여전히 대답이 없다. 인형의 목소리는 약간 올리다가 사라진다.
사이.
갑자기 문이 열리면서 훈이의 외삼촌과 외숙모가 들어온다. 문밖
의 환한 빛이 새어 들어오면서 무대 위의 조명이 갑자기 밝아진
다. 비명을 지르는 훈이. 놀라서 뛰어 들어오는 두 사람.)

외삼촌, 외숙모 (거의 동시에) 무슨 일이니?

(계속 울기만 하는 훈이. 울음 소리가 조금 낮아진다.)

외숙모 훈이가 놀랐나 봐요. (훈이를 안는다) 괜찮아. 훈아. 엄마
는 곧 다시 오실거야.

외삼촌 그래, 그래. 그만 울어.

(이때 부엌에서 윤희가 나온다. 훈이와 자기의 인형을 발견하고는
인형을 주워 든다.)

윤 희 내 인형. 이게 어떻게 된 거예요?

어머니 모르겠는걸.

훈 이 (울음을 그친다) 내가 그랬어.

윤 희 난 몰라. 너 이거 처음대로 다시 해 놔.

어머니 윤희야. 훈인 모르고 그랬어.

윤 희 그래도 원래대로 해 놓으란 말야.

아 빠 (화난 목소리로) 윤희야. 넌 훈이보다 인형이 더 중요해?

윤 희 (기가 죽은 듯 말이 없다. 그러나 여전히 불만이다)

아 빠 훈아 괜찮아. 다음부터 그러면 안 된다. 알았지? (고개를 끄덕이는 훈이) 윤희야, 훈이 데리고 네 방으로 가라. 오빠 오거든 함께 파티를 열자.

윤 희 (그제서야 화가 풀린 듯) 아빠, 케이크도 사야 돼.

아 빠 그래, 알았다.

어머니 훈아, 너 뭐가 제일 먹고 싶니?

훈 이 (모두의 눈치를 본다. 작은 소리로) 케이크.

윤 희 훈아. 방에 가면 다른 인형도 많다. 구경시켜 줄게.

(훈이의 손을 잡아 끄는 윤희. 아이들은 곧 방으로 퇴장한다. 거실 에는 어른들만 남게 된다. 그들은 서로의 얼굴을 멍하니 바라본 후에 피곤한 듯 소파에 앉는다.)

아 내 여보, 우리 잘 해낼 수 있을까요?

남 편 처음엔 힘들겠지. 당신이 훈이를 친자식처럼 생각해 줘 요.

아 내 아이들이 사이가 좋아야 할 텐데. 그나저나 윤식이는 왜 이리 안 오죠?

남 편 나한테 물으면 어떡해요. (시계를 본다) 저녁 때가 되었으 니 곧 오겠지. 너무 걱정하지 말아요.

아　내　당신은 그럼, 케이크를 좀 사다 주세요.

남　편　알았어요.

　(여전히 앉아 있는 그들. 조명이 서서히 어두워진다.
　사이.
　조명이 다시 밝아지면 탁자 위의 케이크에 불을 붙이고 있는 아
　내. 훈이, 윤식, 윤희, 남편은 소파 위에 앉아 있다.)

아　내　자, 훈이가 우리 집에 온 걸 축하하면서 함께 촛불을 꺼
　요.

　(아이들, 촛불을 끈다. 이어 손뼉을 치는 그들.)

윤　식　아빠, 훈인 이제 우리 집에서 사는 거야?

아　빠　그래. 네가 형이니까 잘 보살펴야 돼.

윤　희　훈희가 인형 옷을 찢지 않는다면 얼마나 좋을까.

윤　식　너 야구 할 줄 알아? (고개를 가로 짓는 훈이) 괜찮아. 이 형
　한테 배우면 되니까.

아　내　(케이크를 자르며) 윤식이 너 오늘 훈이 때문에 야단맞지
　않은 줄 알아.

윤　식　에이. 엄만 훈이 앞에서 제 체면도 생각해 주세요.

아　내　(어이없다는 듯) 뭐라고?

　(모두들 웃는다. 조명이 꺼진다.

사이.

조명이 다시 밝아지면 잠옷을 입은 훈이는 소파에 앉아 있다. 한밤중이다. 집안은 모두 잠든 듯 고요하다. 훈이 뒤에서 낮의 그 인형이 나온다.)

인　형　무슨 생각 하니?

훈　이　너도 잠 안 오니?

인　형　인형들은 잠을 안 자.

훈　이　그럼, 심심하겠다.

인　형　인형들은 심심하지도 않아.

훈　이　그럼, 늘 무슨 생각을 하니?

인　형　음, 훈이가 무슨 생각을 하는지 생각해.

훈　이　무슨 생각?

인　형　그래, 생각을 해. 슬픈지, 기쁜지, 그런 생각을 해. 음, 때론 윤희가 들려주던 이야기를 생각하기도 하지.

훈　이　어떤 이야기?

인　형　친구들 이야기.

훈　이　나도 친구가 있었으면 좋겠어.

인　형　윤희도 있고, 윤식이도 있잖아.

훈　이　그렇지만 그애들은 외롭지 않아.

인　형　너는 외롭니?

훈　이　심심해.

인　형　서울에서도 외롭지 않았니?

훈　이　오락실에 가면 심심하지 않아.

인　형　그럼, 오락실에 가면 되잖아.

훈　이　지금?

인　형　그래, 지금 가는 거야.

훈　이　어떻게 이 밤중에 가니?

인　형　밤에는 못 가는 곳이야?

훈　이　그래. 밤에는 안 돼. 서울에 있을 때도 밤엔 안 나갔다. 엄마를 기다려야 돼. 엄만 늘 봉투 가득히 사과랑 과자들을 사 왔어.

인　형　엄마가 보고 싶니?

훈　이　(고개를 끄덕인다. 그러나 곧 명랑해지며) 엄만 열 밤만 자면 오실거야. 나하고 약속을 했거든.

인　형　나도 엄마가 있었으면.

훈　이　엄마랑 있으면 시간 가는 줄도 모른다.

인　형　나도 친구가 있었으면.

훈　이　너도 친구가 있었으면 좋겠니?

인　형　나도 친구가 있었으면.

훈　이　윤희 방에 가면 다른 인형들도 많잖아. 배추머리 인형도 있고, 못난이들도 있고.

인　형　그렇지만 그애들은 외로움을 몰라.

훈　이　그런데 넌 다른 사람들한테도 말을 하니?

인　형　응. 그렇지만 사람들은 내 말을 알아듣지 못해.

훈　이　왜?

인　형　외롭지 않으니까.

훈　이　(잠시 생각에 잠기는 훈이) 그럼, 넌 나하고 친구가 되고 싶은 거니?

인 형 넌 벌써 내 친구가 됐어. 넌 친구를 가까이 두고 있는 거야.

훈 이 네가 내 친구라고?

인 형 그래, 난 네 친구야.

훈 이 넌 나하고 오락실에도 못 가고, 야구도 못하잖아.

인 형 내 손을 잡으면 나하고 같이 신나는 곳으로 갈 수 있어.

훈 이 신나는 곳?

인 형 그곳은 인형들의 나라야. 새들도 말을 할 수 있고, 엄마가 보고 싶으면 볼 수도 있어.

훈 이 엄마를? 그럼, 엄마가 무대 연습하는 것도 볼 수 있어?

인 형 그럼.

훈 이 야, 신난다. 난 엄마가 무대 위에서 연기하는 모습이 제일 보기 좋아. 엄만 예쁜 공주도 되고 아름다운 여왕도 된다. 넌 공주를 본 적이 있니?

인 형 아니.

훈 이 그럼, 여왕은?

인 형 아니.

훈 이 넌 생각보다 모르는 것이 많구나. 하지만 괜찮아. 처음에 누구나 모르니까.

인 형 엄마면 엄마지. 왜 여왕이고 공주가 될까?

훈 이 바보. 그러니까 연극이지. 진짜처럼 연기를 하는 거야.

인 형 아, 그렇구나. 그럼, 우리 연극을 보러 갈까? 자 내 손을 잡아. (손을 내민다)

훈 이 (손을 잡으며) 어디로 가는 거지?

인 형 엄마한테 가는 거야.

훈 이 어, 몸이 날아갈 것 같아. (두 팔로 날개짓을 한다. 인형도 훈이에게 한 손을 내맡긴 채 날개짓을 한다)

인 형 자, 손을 꼭 잡아야 돼.

(빠른 템포의 음악이 흘러 나오면서 서서히 어두워진다. 그들, 계속 날개짓을 한다. 무대 암전되면 잔잔한 새 소리.

사이.

무대 밝아지면 처음의 그곳이다. 새장의 새가 지저귀고 소파 위의 덮개가 다를 뿐이다. 화려한 색깔이다. 낮인지 밤인지 구별할 수 없는 상태다. 새 소리는 멎고 지극히 조용하다. 오른쪽에는 콧수염을 기른 중년의 깡마른 남자가 나타난다. 그는 훈이의 외삼촌이다. 그는 연극 감독이다.)

감 독 (조심스럽게 걸어 나와 무대 중앙에 선다. 객석에 있는 배우들을 향하여) 자, 여러분들 다시 한번 연습하도록 합시다. (위를 향하여) 무대 조명 다시 부탁합니다. 왕비가 잃어버린 왕자를 찾는 부분에서 다시 시작하도록.

(조명이 무대 중앙을 비추면, 베란다로 통하는 유리문으로 인형과 손을 잡은 잠옷 바람의 훈이가 들어온다. 뒤꿈치를 들고 소파 뒤로 뛰어와 숨는다. 왼쪽에서 무대 중앙으로 등장하는 왕비 차림의 화려한 훈이 엄마, 슬픈 표정이다. 간혹 흰 손수건으로 눈물을 찍

어 낸다.)

훈 이 (관객과 인형은 들을 수 있으나 왕비는 듣지 못한다. 소파 위로 고개를 내밀고) 정말 이쁘다. 저 왕비는 꼭 엄마하고 닮았다.

인 형 (고개를 내밀고) 너희 엄마야. 우린 보이지 않으니까 들킬 염려는 없어,

훈 이 엄마라고? (앞으로 나가려고 한다)

인 형 안 돼. 조금 더 기다려 봐. 엄마가 어떻게 연기를 하는지 보자.

훈 이 (제자리로 돌아가며) 근데 엄만 굉장히 슬픈가 봐.

왕 비 오, 왕자야. 너는 어디에 있단 말이냐.

훈 이 왕자를 찾는대.

인 형 쉿, 조용히 해.

왕 비 맑고 고운 눈동자. 봄날의 풀잎 같은 나의 아들. 오, 나의 아들아…

궁 녀 (왼쪽에서 등장한다) 마마. 영험하신 서암대사께서 왕자님을 찾을 수 있는 방법이 있다고 하옵니다.

왕 비 왕자를? 어서 들라 해라.

(왼쪽으로 퇴장하는 궁녀. 잠시 후 누더기 승복을 걸치고 긴 지팡이를 짚은 서암대사와 궁녀 등장한다. 한눈에 그는 예언자처럼 보인다. 그는 왕비 앞에서 합장을 한다. 같이 합장하는 왕비.)

왕　비　어떻게 하면 왕자를 찾을 수 있을까요?

스　님　왕자는 지금 먼 북쪽의 동굴에 갇혀 있습니다.

왕　비　북쪽의 동굴? 어떻게 거기까지 갔을까요? 왕자는 어리고 무서움을 많이 타는데 말예요.

스　님　죽음의 사자가 왕자님을 곧 데리고 갈 겁니다. 강을 건너기 전에 왕자를 구해야만 합니다.

왕　비　죽음의 사자가 왜 왕자를 데리고 가죠? 왕자는 겨우 여섯 살이에요.

스　님　어쩔 수 없습니다. 왕자님의 생명은 이제 다하였습니다.

왕　비　아! 그럼 어떻게 하면 왕자를 구할 수 있을까요? 어떤 일이라도 하겠어요. 왕자를 살리는 일이라면 어떤 일이라도 하겠어요. 어디에 가면 왕자를 찾을 수 있겠습니까?

스　님　왕자를 찾으시려면 마마의 목숨을 주셔야 합니다.

궁　녀　아니되옵니다. 스님, 마마 대신 저의 목숨을 드리겠습니다.

왕　비　내 목숨을 가져 가면, 어떻게 왕자를 찾는단 말이오?

스　님　마마의 목숨은 왕자의 목숨을 이어주는 데 필요합니다. 만약 왕자를 찾지 못하면 마마는 살 수 있고, 왕자를 찾으면 마마의 목숨은 죽음의 사자에게 주어야만 합니다.

궁　녀　스님. 마마 대신 소녀가 찾으러 가겠습니다.

스　님　북으로 이틀 낮밤을 가야 합니다.

왕　비　이틀 낮밤을 가면?

스　님　강가에 있는 주막에 도착하게 되지요. 그곳에는 사람의

그림자는 비치지 않고 배가 혼자 노도 없이 강을 오가는
데, 그곳에서 죽음의 사자와 왕자님이 배를 기다리고 섰
거든 주막에 들어가 술을 한 사발 사자한테 주면 됩니
다. 중요한 것은 마마는 목이 타더라도 그 술을 마시지
말아야 하며 반드시 사자가 술이 취해 잠든 다음에 왕자
와 마마는 옷을 바꾸어 입어야 합니다. 옷이 맞지 않는
다 할지라도 찢어서라도 걸쳐야 합니다.

궁　녀　스님, 마마 대신 제가 가겠습니다.

스　님　이 일은 어머니가 아니고서는 할 수 없습니다.

왕　비　내가 가겠다. 그럼, 언제 떠나면 되겠소?

스　님　내일 해가 뜨기 시작할 때 떠나시면 됩니다.

왕　비　(궁녀에게) 어서 떠날 준비를 하여라.

스　님　이제 저는 물러가겠습니다.

왕　비　왕자를 필히 만날 수 있겠지요?

스　님　잊지 말 것은 목마르시더라도 술을 마시면 안 됩니다.

(왼쪽으로 스님이 퇴장하면, 궁녀도 뒤따라 퇴장한다.)

왕　비　(탄식하듯) 왕자가, 아, 어린 왕자가 운명이 다하다니.
(서성거리며) 그나저나 왕자를 못 찾으면 어이 하나. 북
쪽으로 이틀 낮밤을 가면 큰 강가에 도착한다. 그리고
내 아들이 나타나면 죽음의 사자에게 술을 권한 뒤 나
의 옷을 왕자에게 입혀 주면 된다. 내일 아침 해가 뜰
때 떠나야 한다. (다시 탄식하듯) 오, 왕자야. 너는 어디에

있단 말이냐.

(오른쪽으로 퇴장하는 왕비. 무대 일순간 어두어지면 훈이와 인형이 고개를 내민다.)

훈 이 엄마는 왕자 때문에 괴로워하고 있어.

인 형 아냐, 연극을 하고 있는 거야.

훈 이 왕자를 찾을 수 있을까?

인 형 모르겠어. 더 두고 봐야지.

훈 이 엄마는 나보다 왕자가 더 좋은가 봐.

인 형 이건 연극이잖아.

훈 이 연극이래도 엄마는 나하고 있는 것보다 연극하는 걸 더 좋아해.

(이때 감독이 객석에서 올라온다. 그는 훈이와 인형을 볼 수 없다.)

감 독 음, 여기서 다음 장면을 연습해 봅시다. 혼자 돌아오는 왕비는 저승으로 왕자를 찾으러 다시 떠나갑니다. (위를 향해) 조명 다시 부탁합니다.

(무대, 어두워지면 훈이와 인형이 고개를 내민다.)

훈 이 왕자를 찾지 못했나 봐.

인 형 이건 연극이라구.

훈 이 엄마는 얼마나 가슴이 아플까. 내가 왕자로 분장해서 나가면 안 될까?

인 형 안 돼. 넌 왕자가 아니고, 또 그들에게 보이지도 않아.

훈 이 그래도 엄마는 나를 알아볼 거야. 난 왕자가 될래.

인 형 잠옷을 입은 왕자라….

훈 이 (자신의 옷을 내려다보고는) 아이 참, 어떡하지?

인 형 잠옷을 입고 출연하는 거야. 저승에서 잠자다 오는 중이라고 하면 돼.

훈 이 그래도 잠옷을 입은 왕자를 본 적은 없어. (생각에 잠긴다) 아, 이제야 생각난다. 분장실에 가면 옷이 많이 있어. 엄마랑 가서 본 적이 있어. (오른쪽을 가리킨다) 저쪽이야.

(인형을 끌고 오른쪽으로 퇴장하는 훈이. 무대 경쾌한 음악이 흘러 나오면서 암전.
사이.
무대 다시 밝아지면, 피로한 듯 앉아 있는 왕비. 왕비를 부채질해 주고 있는 궁녀.)

왕 비 아, 마시고야 말았어. 북으로 이틀 낮밤을 가는 동안 물 한 모금도 마시지 못했어. 나는 너무나 목이 말라서…. 아, 이제 어쩌면 좋으냐.

궁 녀 서암대사께서 아직도 방법은 있다고 하셨습니다.

왕 비 방법이? 그럼 왕자를 다시 볼 수 있다는 말이냐?

궁 녀 그러합니다. 저승으로 가는 동굴로 들어갈 수만 있다면 된답니다.

왕 비 저승으로 가는 동굴?

궁 녀 그 동굴은 살아 있는 자가 들어갈 수 있는 죽음으로 가는 유일한 통로라 합니다.

왕 비 그래, 어떡하면 그 동굴로 들어갈 수 있다는 말이냐?

궁 녀 그것은 스님 자신도 모른다 합니다.

왕 비 그럼, 그것을 알고 있는 자가 누구란 말이냐?

궁 녀 그것은 아니 물었습니다.

왕 비 그렇다면 하는 수 없다. 내가 죽음의 강가로 다시 가서 배를 기다리는 죽음의 사잘 만나야겠다.

궁 녀 마마. 이번에는 소녀를 데리고 가 주십시오.

왕 비 너는 나를 따라 저승이라도 가겠단 말이냐?

궁 녀 마마. 어디든 가겠습니다.

(이때 오른쪽에서 등장하는 훈이와 인형. 훈이는 조금 큰 듯한 왕자옷을 입었다. 왕비와 궁녀의 눈에는 그들의 모습이 보이지 않는다.)

훈 이 (인형에게) 무슨 말을 하면 될까?

인 형 말해도 듣지 못할 걸.

훈 이 (왕비 앞에 다가간다) 어머니, 저예요.

왕 비 아, 지금쯤 왕자는 무엇을 하고 있을까?

훈 이 어머니, 저예요. 훈이에요. (왕비는 여전히 비탄에 잠겨 있다)

인 형　소용없다니까.

훈 이　어떡하면 어머니와 이야기를 할 수 있지?

인 형　이제 우린 다른 곳으로 가야 돼.

훈 이　나는 어머니하고 이야기하고 싶어.

인 형　안 돼. 우린 연극을 보러 온 것 뿐이야.

훈 이　(왕비의 옷을 잡아당기며) 엄마, 나 왕자야.

왕 비　(훈이가 옷을 잡아당긴다는 것을 알지 못한다. 궁녀에게) 왕자의 영혼이 살아서 나의 옷을 당기는 것 같구나.

궁 녀　마마의 심기가 많이 허약해지신 듯합니다.

훈 이　(인형에게) 난 이제 엄마하고 이야기하고 싶어. 서울로 가고 싶어.

인 형　우린 다른 곳으로 가자. (인형은 훈이의 손을 끈다)

훈 이　싫어. 난 엄마하고 있을 거야.

왕 비　이게 무슨 소리냐?

궁 녀　아무 소리도 들리지 않습니다.

훈 이　엄마하고 있을 거야.

왕 비　소리가 들리는구나. 엄마를 찾는 아이의 소리가 들리는구나.

인 형　(훈이에게) 엄마를 보려면 눈을 떠.

훈 이　난 눈을 뜨고 있어.

인 형　(반복한다) 엄마를 보려면 눈을 떠.

(인형의 목소리가 서서히 울리면서 무대 어두어진다.
사이.

（무대 밝아지면, 아파트의 거실. 조용한 정적. 새장의 새가 지저귄다. 잠시 후 왼쪽의 아이들 방에서 의사와 간호사, 훈이의 외숙모가 나온다.)

외숙모　선생님 괜찮을까요?

의사　단순한 열병인 듯 싶습니다.

외숙모　아이가 마음의 갈등을 느꼈나 봐요. 부모와 떨어져 있는 상태가….

의사　아이들은 마음의 갈등이 금방 몸으로 나타나죠. 그것은 아이 자신도 모르지요.

외숙모　어젯밤 계속 헛소리로 엄마를 찾던데 만나게 해 주는 것이 아이를 위해 나을까요?

의사　물론이지요. 그리고 되도록이면 함께 지내는 게 좋지만 그것이 불가능하다면 아이한테 잘 설명해서 기다림을 배우도록 하는 것도 좋지요.

외숙모　음식은….

의사　먹고 싶어하는 것은 무엇이든 좋아요. 깨고 나면 아마 배가 고플 겁니다.

（오른쪽으로 퇴장하는 그들. 외숙모, 그들을 바라보고는 문을 닫는다. 탁자 위의 전화가 울린다.)

외숙모　여보세요? 아, 당신이군요…. 그래요. 금방 가셨어요…. 잠들었죠. 그런데 의사 선생님 말씀이 말예요. 훈이가 엄마를 보면 더 빨리 안정을 할 수 있대요…. 그래요. 당신 생각은 그런지 모르지만 난 연락을 하는 게 낫다는 생각이 들어요…. 그렇지만 훈이는 엄마를 찾고 있어요…. 연락을 해 보겠어요. (수화기를 놓는다. 잠시 앉아 있다가 일어나 서성거린다. 결심한 듯 수화기를 든다. 다시 자리에서 일어나 서성거린다. 베란다 쪽으로 가다가 무심코 새장 속에 있는 새를 본다. 무언가 잠시 생각에 잠긴다. 잠시 후 훈이의 방으로 간다. 문을 열고 한참 동안 들여다본 후에 문을 닫고 다시 무대 중앙으로 돌아온다)

외숙모 잠들었어. 세상 모르고 잠들었어. (결심한 듯 수화기를 든다. 번호를 누르고 신호음을 듣는다) 여보세요?

전화기의 소리 (훈이 어머니 소리. 녹음되어 있는 목소리다) 지금부터 저는 외출을 하니 용건을 말하여 주시기 바랍니다. 귀가 후 연락드리겠습니다.

외숙모 (망설이다가) 저예요. 아가씨…. 훈이가 지난 밤 열이 심했어요. 지금은 잠자고 있어요. 열도 정상이고요. 꼼짝도 못하고 오늘 하루 종일 누워 있기만 했어요…. 훈이는 계속 아가씨를 찾았어요. 무서운 꿈을 꾸는지 식은 땀을 흘리면서 말예요…. 전화하지 않으려고 했는데 의사 말이 훈이에게 어머니를 만나게 해주는 것이 좋다고 하더군요…. 아가씨, 요번 일요일 시간이 있으시면 내려오세요. 전 이만 끊겠어요. (수화기를 내려놓고 허탈하게 앉아 있다. 한숨을 쉬며) 되도록이면 아이들에게 상처를 주지는 말아야 할 텐데…. 훈이에게 미음을 끓여 줘야겠구나.

오늘 하루 종일 굶었으니까. (일거리를 생각해 낸 듯 밝은 얼굴로 부엌으로 간다)

(부엌에서 물 소리가 난다. 방문이 열리면서 훈이가 걸어 나온다. 잠옷을 입은 채다. 나약해진 듯한 얼굴이다. 거실에 아무도 없는 것을 느끼고는 부엌을 들여다본다.)

외숙모　(물 묻은 손을 앞치마에 닦으면서 나온다) 훈아, 왜 일어났니? 더 자지 않고.

훈　이　인형은 어디 갔어요?

외숙모　인형이라니?

훈　이　내 옆에 있었던 인형 말예요.

외숙모　네 옆에 있던 인형이라니?

훈　이　내가 옷을 벗겨 놓은 인형 말예요.

외숙모　아, 그건 갖다 버렸단다.

훈　이　(놀란 표정으로) 왜 버렸어요?

외숙모　다른 인형도 많잖아.

훈　이　어디다 버렸어요?

외숙모　그 인형은 너무 오래됐단다. 그리고 옷도 없고. 이 집엔 인형이 너무 많아.

훈　이　그 인형은 말을 한단 말예요.

외숙모　(어이없다는 듯 웃으며) 마음 속으로 너하고 말을 할 수도 있겠지.

훈　이　아니에요. 진짜 말을 한다니까요. 내가 기분이 나쁜지 좋은지도 다 알아요.

외숙모 훈아, 너 배고프지 않니?

훈 이 아뇨. 그 인형 어디다 버리셨어요?

외숙모 쓰레기차가 벌써 가져갔을 거다.

훈 이 (낭패감에 빠져) 그럼 그 쓰레기차는 어디다 버리나요?

외숙모 훈아, 그 인형이 그렇게 갖고 싶니?

훈 이 우린 엄마가 연기하는 것도 봤어요. 엄만 왕비였어요.

외숙모 그렇게 보일 수도 있지.

훈 이 아니에요. 정말로 말을 했어요.

외숙모 그래, 알았어. 외숙모가 미음을 끓이고 있는데 조금 기다렸다가 먹지 않을래?

훈 이 난 인형을 만나야 돼요.

외숙모 알았어. (훈이를 부엌으로 데리고 들어간다) 그 인형하고 똑같은 인형을 사다 줄게.

(무대 암전되면서 새 소리가 들린다.

사이.

다시 밝아지면 텅 빈 거실. 초인종 소리가 울린다. 방에서 나오는 외숙모.)

외숙모 누구세요?

소 리 (여자) 저예요, 언니.

외숙모 어머, 아가씨. (문을 연다)

여 자 (약간 피곤한 얼굴) 훈이가 많이 아파요?

외숙모 (부엌을 힐끔 보면서 작은 목소리로) 훈이가 이상해요. 인형이 말을 한다고 해요. 그래서 훈이 몰래 그 인형을 갖다 버렸어요.

여 자 훈이는요?

외숙모 지금 밥 먹고 있어요. 미음을 끓였거든요.

여 자 (부엌으로 간다. 외숙모가 말린다) 왜요?

외숙모 아직 다 먹지 않았어요.

여 자 훈이한테 내가 온다고 말했어요?

외숙모 아뇨, 말하지 않았어요.

여 자 저도 전화 받고 놀랐지만 더 이상한 일이 있었어요.

외숙모 무슨 일이죠?

여 자 훈이를 꿈에서 봤거든요. 왕자 옷을 입은 훈이를요. 꿈 속에서 좋은 옷을 입고 있으면 그 사람이 아프거나 죽는다고 어릴 때부터 들었거든요. 그러던 차에 언니 전화를 받은 거지요.

외숙모 훈인 이제 괜찮아요.

여 자 이제 훈이를 봐도 되겠지요?

외숙모 그래요.

여 자 훈아. (부엌으로 간다. 그러나 부엌에는 아무도 없는 듯 돌아온다) 어디 갔어요?

외숙모 없어요? 조금 전까지도 있었는데?

여 자 애가 그럼 어딜 갔죠?

외숙모 (무언가 생각한 듯) 인형을 찾으러 갔나 봐요.

여 자 인형을요?

외숙모	이걸 어쩌면 좋아요?
여 자	훈이는 여기 지리를 모르잖아요.
외숙모	아직 얼마 가지 못했을 테니까 찾아 보겠어요. 아가씬 파출소에 연락을 해 주세요.

(빠른 음악. 외숙모 밖으로 나가고 여자는 수화기를 들면서 암전. 무대 다시 밝아지면 텅 빈 거실. 베란다에서 인형을 들고 올라오는 훈이. 집안은 조용하다.)

훈 이	미안해. 어른들은 왜 아이들의 가슴에 상처를 내는지 모르겠어,
인 형	괜찮아. 이제 아프지 않니?
훈 이	안 아퍼.
인 형	엄마하고 서울 갈 거니?
훈 이	아니. 엄만 연극해야 돼.
인 형	그럼 이제 어떻게 할 거니?
훈 이	빨리 어른이 되겠어.
인 형	(키득키득 웃는다) 어른이 하루아침에 되는 거니?
훈 이	그래도 빨리 어른이 될 거야.
인 형	어른이 되면 뭘 할 건데?
훈 이	어른이 되면 아이들에게 커다란 집을 지어 줄 거야. 그리고 엄마 아빠가 없는 아이들이 슬프지 않게 살 수 있는 집을 지을 거야. 인형도 말할 수 있고 새들도 말할 수 있고…. 꽃들도 말할 수 있고 (소리가 점점 작아진다. 무대

조명 서서히 어두워지면 소파에 앉은 훈이는 졸음에 취한다. 평온
한 음악)

(무대 막이 내려진다.)

— 암전.

김윤미 희곡집 1

개정판 1쇄 인쇄일   2006년 11월 20일
개정판 1쇄 발행일   2006년 11월 24일

지 은 이   김윤미
만 든 이   이정옥
만 든 곳   평민사
　　　　　　서울시 서대문구 남가좌 2동 370-40
　　　　　　전화: (02) 375-8571 (代)
　　　　　　팩스: (02) 375-8573
　　　　　　http://www.blog.naver.com/pyung1976
　　　　　　E-mail pms1976@korea.com

등록번호   제 10-328 호

ISBN 89-7115-469-1   03680

정 가   8,500 원